現代立憲主義と人権の意義

Constitutionalism and Human rights

佐藤幸治

有斐閣

はしがき

本書は、一九七〇年公表の、筆者の人権論の原点というべき「Ⅱ　プライバシーの擁護」は別として、主にこの四、五年の間に公表した論文・講演録などに、筆者の主張の基本にかかわる書き下ろしの補論などを加えて、まとめたものである。

二〇二〇年に『日本国憲法論〔第二版〕』（成文堂。初版は二〇一一年）を上梓したが、年齢のこともあってこれが最後の書という思いが強かった。しかし、その後も幾つかの論文や講演録などを公にしたこともあるが、本書出版を思い立たせた最大の理由は、二〇一五年の日本公法学会における、「人格的自律権構想を振り返る――憲法とその外部」と題する駒村圭吾会員の総会報告（公法研究七八号〔二〇一六年〕）に、少しでもお答えしておかなければという責任感のようなものを強くしていったことである。

報告は、筆者が次第に「人格的自律権」に集約させていった憲法論について、正面から根本的に論評して下さったもので、容易にお答えできないような事柄も多く含まれていた。

そこで、筆者が「人格的自律権」という基調観念に辿り着いた背景やその趣旨について少し立ち入って説明すべく、新たに書き下ろして付け加えたのが「Ⅳ　『人格的自律権』論に関する補足的説明および随想文」である。もとより、この「補足的説明」に限らず、本書に収めた他の論文や随想などにもご疑問や問題提起に関連するものが含まれているが、これらがどこまでお答えするものになっているか覚束ないところで、その点は筆者の非力の故とご寛恕を乞うほかはない。

人権（自然権）観念は、一七世紀イギリスにはじまって一八世紀のアメリカやヨーロッパにおいて具体的に開花・展開したものであるが、一九世紀に入ると支配的な実証主義精神の下に歴史の表舞台から消えてしまう。その復活をもたらしたのは、二〇世紀に入っての、人間のおびただしい数の死をもたらした第一次世界大戦、とりわけ第二次世界大戦という二つのいわゆる総力戦であった。それは、科学技術の著しい進歩とも関連する、人類史上例をみないような大悲劇であった。さらに、そこには、ナチズム・ファシズムによるホロコーストに象徴されるような、人間はいかに残忍なことでも（組織的に）なす存在でもあるかという慄然とする事態も含まれていた。

第二次世界大戦の終結もみえてきた一九四五年六月に開かれたサンフランシスコ会議で採択された国連憲章が、「基本的人権と人間の尊厳及び価値」に関する「信念をあらためて確認」することから書き出されていることは、象徴的かつ当然の帰結であったと思われる。しかも、ここで復活再生した人権観念といっても、一八世紀的人権観念さながらではありえず、「人間の尊厳」という言葉にも象徴されているように、人間存在のあり方そのもの（「人格」）への強い現代的関心に基づくものであったことに留意する必要がある。そしてこうした人権観念の再生という基礎の上に、自衛目的以外の武力行使を禁止するいわゆる国連体制が創出されることになる。

そして日本は、「基本的人権」の尊重を求めるポツダム宣言（一九四五年七月二六日）を受諾して（同年八月一四日）第二次世界大戦は終結するが、わが国では当初は人権の尊重ということの重大な意味が十分には理解されていなかったようにみえる。しかし、周知の過程を経て翌四六年の一一月三日に公布された日本国憲法は、徹底した〝基本的人権の保障〟（一一条以下。核となる規定は、〝個人の尊重〟と〝幸福追求権〟に関する一三条および〝法の下の平等〟に関する一四条）を憲法体制の基礎に明確に据えるとともに、〝戦争の放棄〟を国是として明記した。

この憲法の下に歩み続けてきた国民は、一九八〇年代後半の頃から、主権者（統治主体）として国政のあり方により強い関心とかかわりをもたなければならない時代状況を迎えることになる。筆者が拙著『憲法〔新版〕』（青林書院、一九九〇年）を上梓するにあたって、その「はしがき」において、「基本的人権の意義づけに関し、人格的自律権（自己決定権）の観点をより明確に打ち出し、そのような大前提の下に、国民主権に関し、そうした自律的人間の〝生〟を可能ならしめる〝物語〟（narrative）の共有という視点を明確にし……」と述べたのは、そうした状況認識のしからしめるところであった。そして、実際にその後、政治改革、行政改革、司法改革等々の諸改革をみることになる――その内容・結果については、もとより様々な評価がありうるとしても。

ところで、人権の普遍的価値性（そしてそれを担保するための「法の支配」）は、国際社会において当然の前提的認識ではなかったかと思われる（その後の一九九三年の世界人権会議ウィーン宣言参照）。しかし、市場原理を取り入れつつ憲法一条に「人民民主独裁」を掲げる中国の存在感が増す中で、人権の普遍性を〝相対化する〟傾向が強まり、二〇一八年の国連人権理事会において、「人権は、国の特色、歴史的・文化的背景に正当な考慮を払わなければならない」と決議されるに至っている。

そのような状態の中、さらに驚天動地ともいうべき出来事が生じた。先に自衛目的以外の武力行使を禁止する国連体制に触れたが、その体制の要というべき安全保障理事会、その中でも拒否権をもつ五常任理事国（米英仏露中）の一つであるロシアが、二〇二二年二月二四日、核の使用もほのめかしながら隣国ウクライナへの軍事侵攻を行ったのである。ロシアにもそれなりの言い分があるのであろうが、その行為が国際法に反することは明らかで、それを裏づけるかのように数々の残虐行為（人権侵害）を伴っていることが報じられてきた。

このような動向、とりわけロシアの〝暴挙〟ともいうべき行為が人権の保障を核とする国際秩序に何をもたらすか強く懸念されるところであるが、われわれは国際人権の普遍性の〝相対化〟の動向にも十分注意を払う必要があろう。このような国際秩序の劣化を最小限にとどめる人類の叡智と努力を祈らずにはおれない。もとより、権力政治的な対処方法（例えば、現状不満の「強国」

に今なら勝てるといった幻想を抱かせないようにすること）も必要とされようが、特に日本についていえば、上述のように人類史上類のないような大悲劇を再び繰り返さないようにという国際社会の深い願いを最もよく反映するというべき日本国憲法を基礎に据えて、各種の地道な努力をねばり強く重ねていく責務があるように解される（例えば、高須幸雄「岐路に立つ国連の役割と今後の課題――普遍的価値を擁護する組織になれるか?」学士会会報九五八号〔二〇二三年〕参照）。

二〇〇三年に『憲法とその〝物語〟性』（有斐閣）を出版した際、大学の学生時代以来の親友である岡清氏の、「あらゆる力の源泉、それは『希望』である」と題する一文を紹介することがあった。この言葉の生まれた背景についてここに繰り返すことはしないが、この拙著出版の数年後、「入道雲の輝く夏の日、〔次男〕が、母の住む天国へ……嘗てその胸に抱かれた母のもとへと旅立ってゆきました」というお手紙をいただき、そしてその氏ご自身もこの世を去られて既にしばらくになる。

文脈はもとより大きく異なるが、現今のきわめて厳しい時代状況下にあって、いつも己にいい聞かせているのは、氏が残されたこの言葉である。

本書が成るについては、実に多くの方々の貴重なご教示・ご助力に与った。中でも、一部の原稿に目を通すなど、貴重な数々のご助言・ご助力をいただいた土井真一・松本哲治の両氏、長年にわたりゼミ会の運営および会誌の編集に携わり、本書収録のものを含む拙文を掲載し、本書への収録を承認して下さった平野恵稔氏に御礼申し上げたい。

さらに、本書の最後に掲載の「法を学ぶことの意義とそれに伴う責務」は、九州大学の赤坂幸一氏の依頼による同大学での講演に基づく論稿であるが、その執筆および本書への収録にあたっては同氏の格別のご指導とご助力に与ったことについて心から御礼申し上げたいと思う。

そして、本書の出版を引き受けまことに行き届いたご助力をいただいた有斐閣の京都編集室の一村大輔氏および法律編集局の高橋俊文、小野美由紀の両氏に対し、深甚の謝意を表したい。

二〇二三年九月

佐藤幸治

目次

Ⅰ　日本国憲法の保障する「基本的人権」の根拠と体系

一　はじめに

二〇一八年四月の合同談話会において、「現代立憲主義における『司法』の役割」と題して報告した際（日本学士院紀要七三巻二号掲載〔本書V2として収録〕）、最後のところで、ブライヤー合衆国最高裁判所裁判官が、その著（二〇一〇年）の日本語版『アメリカ最高裁判所』に寄せた「序」（二〇一五年執筆）において、「今日の世界において、エイブラハム・リンカーン時代の騒然たる世界のときと同様に、わが政府であれ、どの政府であれ、『自由の精神を母体として生まれ、すべての人は平等に造られているという命題に捧げられる存在として、……永続することが可能だろうか』（ゲティスバーグ演説冒頭の一句）と問う人々がいます」と述べたうえで、ホロコーストを伴うナチスのフランス占領の寓話であるカミュの『ペスト』に触れながら、次のように日本の読者に語りかけているのを紹介した。(1)「恣意的支配」（不正、違法、不合理、専制、独裁、圧政）の対極にある「法の支配」こそ、「カミュが語るような不幸な日（決して死滅しないペスト菌が再生し、人間社会を襲う日）」の到来を防ぐべく、日々、用いることが求められる武器」、「人間性を持った、民主的で、正義の社会をつくるための私たちの闘いの要」であるのだ、と。

「法の支配」は、象徴的には、国民の権利を守ることを通じて「正義」の実現を図るためのものといえるもので、今回は、その「権利」、特に日本国憲法にいう「基本的人権」（あるいは単に「人権」という）に関し、その基礎的な事柄についての一端を述べることにしたい。

（1） スティーブン・ブライヤー（大久保史郎監訳）『アメリカ最高裁判所——民主主義を活かす』（岩波書店、二〇一六年）の「序」x～xi頁。

二 「基本的人権」の歴史

(1) 人権観念の誕生と退場

人権の歴史は、よくイギリスのマグナ・カルタ（一二一五年）にまで遡るといわれるが、これはもとよりバロン（直接受封者）たちの諸要求を確認した文書で、人間としての権利を確認したものではない。しかし、「統治」と「司法」とを区別し、裁判官の形成する法には国王といえども従わなければならないという体制が確立する下で、こうした文書も法（コモン・ロー）に吸収されていく。

一六世紀に入ると、ヨーロッパでは「主権」観念に支えられる近代国家（絶対主義体制）への移行がはじまり、イギリスでも国王は王権神授説を背景に「司法」も手中に収めようとするが、コモン・ロー裁判所や市民階級の拠る議会が抵抗する中でピューリタン革命へと突き進み、最終的には、王政復古・名誉革命を経て、議会主権と法の支配が結合する体制が成立する。それは成文憲法典の制定というかたちをとらなかったが、人身保護法（一六七九年）や権利章典（一六八八／八九年）が制定されるなど、後世に近代憲法の母国と目されるようになる。ここでは権利・自由は国民一般に及ぼされているが、人間としての権利・自由ではなかった。

一八世紀に入ると、「人権」にかかわるいろいろな動きが生じるが、ここでは、特に、スイスの大学で教え、「幸福追求権」を正面に据えて論を展開するビュルラマキの『自然法原理』（一七四七年。その英訳版は翌年）が、イギリスにあってはブラックストーン（イギリスの大学ではじめてイギリス法を講義）、アメリカにあってはジェームズ・ウィルソン（法曹として令名高く、独立宣言の署名者）を介して、影響を及ぼしたといわれていることに注目しておきたい。[(2)] 具体的には、一七七六年六月のバージニア権利章典、七月のアメリカ独立宣言、一七八八年発効の合衆国憲法の修正条項としての権利章典（一七九一年）の展開などである。つまり、アメリカの人権宣言は、イギリスのコモン・ローや権利章典などの法律の基盤のうえに（但し、アメリカは、革命の遂行上、イギリスの議会主権を乗り越える必要があったことに留意する必要がある）、ヨーロッパ的自然法思想の影響も受けながら成立したとみることができよう。

そして一七八九年のフランス人権宣言（「人および市民の権利宣言」）である。そこでは「あらゆる政治的団結の目的は、人の消滅することのない自然権を保全することである」（山本桂一訳）とうたわれ、長期的にみた場合の後世への影響はきわめて大きなものがある。ただ、この革命はアメリカの革命と違って、「旧体制《アンシャン・レジーム》」を一気に解体しようとする根源的な革命であり、人権宣言を基に安定した政治体を構築するには相当期間にわたる経験の積み重ねを要するものであった[3]。

この革命の時期、「消滅することのない自然権は修辞上のナンセンス、大げさなナンセンスである。だがこの修辞上のナンセンスはいつも有害なナンセンスをもたらす」（ベンサム）、自然権論は曖昧で思弁的に過ぎる（バーク）といった厳しい批判がみられたところで[4]、一九世紀に入るといわゆる法実証主義的権利観念が支配的となっていく。否、フランスでは、既に一七九九年一二月の憲法では人権宣言（権利宣言）は消えていた。

ドイツは、このフランス革命とその後の動向の影響を受けつつ独自の展開をみせるが、一八四八年にフランスで「二月革命」が起きると、ドイツでも「三月革命」が勃発し、改革を求める大衆運動とドイツ民族の統一国家建設への動きが一挙に高まり、同年五月、フランクフルトに「憲法制定ドイツ国民議会」の開催をみ、一八四九年に「ドイツ国民の基本権」を定める「ドイツ帝国憲法」（いわゆるフランクフルト憲法）が公布された。が、頼みの綱とされたプロイセン国王は、国民から選ばれて皇帝となることを拒否し、この憲法は画餅に帰してしまう。

因みに、一八五〇年制定のプロイセン憲法は、「プロイセン人の権利」として、フランクフルト憲法の「基本権」をほぼ受けて定めたが、欽定憲法にふさわしく君主制原理を貫き、法律によって制限できるといういわゆる「法律の留保」付きのものであった（明治憲法はこの憲法に倣ったといわれるものである）。そして一八七一年のドイツ・ライヒ憲法（ビスマルク憲法）は、もはや権利宣言を全くもたない。

一九世紀終わり頃から二〇世紀にかけて諸国に〝格差（差別）・貧困問題〟が顕在化しはじめる。ドイツが急速に強大化する一方、ヨーロッパでは民族主義が強まる傾向をみせる中で、一九一四年、第一次世界大戦が勃発した。人類の歴史上かつてなかったような〝総力戦〟で、予想外に長期化し、その間の一九一七年には「ロシア一〇月革命」が生じている。アメリカは、大戦勃発時には中立宣言を行ったが、ドイツの強硬姿勢を前についに一九一七年四月対独宣戦布告に至った。そして一九一八年、アメリカに発するいわゆるスペイン風邪・パンデミックも加わる中で、ドイツ帝国憲法体制は、崩壊した（皇帝は退位してオランダへ亡命）。この結果を受けて、ドイツは一九一八年に共和制を宣言し、翌年に国民主権によるワイマール憲法の制定をみることになる。その第二編において「ドイツ人の基本権および基本義務」が定められるが、平等原則・男女同権、人身の自由、信教・良心の自由等々とともに、「人たるに値する生存」を保障する一五一条はじめいわゆる社会国家的基本権にかかわるものが含まれているところに特徴がある。

因みに、この社会国家的基本権に関連して、不文憲法国イギリスでは世紀末転換期から二〇世紀前半にかけて、個人主義・レッセフェール的姿勢から脱して、「新自由主義《ニュー・リベラリズム》」の下に福祉政策が推進される状況にあったこと、また、アメリカでも同様の傾向があり、最高裁判所は憲法を盾に抵抗したが一九三七年には合憲とする方向に転じたこと、などを付言しておきたい。

こうしたワイマール憲法も、ドイツが様々な重い困難に直面する中で、議会は一九三三年の「全権委任法」（正式名称は「民族および国家の危難を除去するための法律」）により、いわば仕たい放題の権力をヒトラーに付与し、その規範的生命を終えることになる。

(2) 人権観念の復活再生

一九三九年にドイツのポーランド侵入にはじまり、イタリア、日本も加わった第二次世界大戦は、第一次世界大戦をはるかに上回る犠牲者と傷跡を残して、一九四五年八月における日本の降伏をもって終結するが、同年六月のサンフランシスコ会議で採択された国連憲章は、「われらの一生のうちに二度まで言語に絶する悲哀を人類に与えた戦争の惨害から将来の世代を救い、／基本的人権と人間の尊厳及び価値と男女及び大小各国の同権とに関する信念をあらためて確認し、……」とうたい、以後の国家および国際社会の「秩序」形成のあり方を明らかにした。

なお、これまで国家の次元に即して「人権」「自然権」の観念・用語が消えていった姿を概観してきたが、国際社会に目を転ずると、いささか違った様相がみられることを指摘しておかなければならない。国際社会の次元で個人のあり方について問題にしようとすれば、普遍的な「人権」観念・用語がいかにもふさわしいもので、実際に国際連盟の時代に現にそれがみられるところである。例えば、国際法学会は、一九二九年のニューヨークの会期において、「国際人権宣言」(前文と六カ条から成り、「いずれの個人も生命、自由、財産に対する平等の権利を有し……」〔一条〕などとうたっている)を可決している。(5)

国際連盟の発足とともに連盟内で少数民族の保護を一般化しようとする動きが表面化するが、多数の国家の支持を得ることが難しく、局面打開の方策として人権一般についての国際的保護に訴えるという意味合いもあったようである。

このような背景をもつ人権の国際的保護への関心がより広くかつ切実なものとなったのは、ファシズム・ナチズムといった全体主義国家の出現で、特に強く刺激したのはナチス・ドイツによるいわゆる「ホロコースト」であった。そして第二次世界大戦が勃発すると、連合国の戦争指導者は「人権、基本的自由の問題を取り上げ、それを連合国の戦争目的の一つとして大きくかかげ、国際世論に強く訴え」ることになる。

第二次世界大戦の終結がみえてきた一九四五年六月、既に触れたサンフランシスコ会議が開かれ、そこで採択された国連憲章は、その前文に先に引用の文章を掲げるとともに、第一条に「国連の目的」として、①平和の実現、②経済分野での協力と並んで、③人権の保護を明確にし、

「人権の伸長に関する委員会」を設けて検討することとした（六八条）。

これを受けて、翌年の第一回国連総会で「人権委員会」が創設される。憲章の人権規定を展開させるものとして委員会が当初想定したのは、人権規定をより具体化するとともに、条約上の義務とする「国際人権章典」草案を作成するということであったようである。しかし、サンフランシスコ会議での状況も含めて加盟国の考えには様々なものがあることが考慮され、一九四七年一二月にジュネーヴで開催の人権委員会の第二会期において、①すべての国が尊重すべき人権の具体的内容を定める「国際人権宣言」と②一定の人権について条約のかたちで各国の尊重義務を定める「国際人権規約」とに分け、さらに③規約に規定された人権の尊重を国際的に保障するための実施措置を別に検討する、ということとされた。そして人権委員会は「国際人権宣言」の起草にとりかかり、そこで得られた確定草案に若干の修正を施して一九四八年の第三回国連総会で採択されたのが「世界人権宣言」である。

ここでもう一つ、日本との関係で言及しておかなければならないのは、もちろんポツダム宣言（一九四五年七月二六日）である。その一〇項には、「日本国政府は、日本国国民の間に於ける民主主義的傾向の復活強化に対する一切の障礙を除去すべし。言論、宗教及思想の自由並に基本的人権の尊重は、確立せらるべし」とあり、日本政府は八月一四日にこれを受諾した。

しかし、受諾後の日本では、政府レベルでも国民の間でも、「人権」を正面から明示的に掲げ、それを土台にして国・社会の建て直しを図ろうとする具体的な動きはなかったようにみえる。明治維新期に天賦人権を掲げて盛り上がりをみせた経験をもち、昭和ファシズム期にあれほどひどい人間の自由・尊厳への侮蔑を経験したにもかかわらず……。さらに、既にみたように第一次世界大戦後「人権」観念が国際社会で次第に地歩を固めつつあったにもかかわらず、ともいいたいところがあるが、国民は一般にいわば〝情報遮断〟状態にあったことを考慮する必要があろう。国民の深い理解のところではどうであったかはともかく、「人権」という言葉・観念が根本的な事柄としてはっきりと一般に認識されるようになるのは、結局、昭和二一（一九四六）年二月一三日に総司令部より交付されたConstitution of Japan（いわゆるマッカーサー草案）によってであったことは否定し難いように思われる。そこには、「日本国ノ人民ハ何等ノ干渉ヲ受クルコト無クシテ一切ノ基本的人権ヲ享有スル権利ヲ有ス」とする九条と、現在の日本国憲法九七条（基本的人権の意義）に相当する一〇条の規定があった。何故こういう事態であったのか、考えるに値する問題であるとは思うが、今ここで立ち入る用意はない。

（2）この点、特に種谷春洋『アメリカ人権宣言史論』（有斐閣、一九七一年）、同『近代自然法学と権利宣言の成立』（有斐閣、一九八〇年）参照。
（3）ハンナ・アレント（志水速雄訳）『革命について』（合同出版、一九六八年）六二頁は、「フランス革命は悲惨のうちに終りはしたものの世界史をつくり、他方、アメリカ革命は誇り高く勝利したものの、局地的な重要性をもつにすぎない出来事にとどまった」という。

（4） 深田三徳『法実証主義と功利主義』（木鐸社、一九八四年）五五頁以下、バーク（水田洋訳）「フランス革命についての省察」『世界の名著（34）』（中央公論社、一九六九年）および同書冒頭の水田洋「イギリス保守主義の意義」参照。

（5） この個所での国際関係に関する論述・引用は、主として田畑茂二郎『国際化時代の人権問題』（岩波書店、一九八八年）第一章二、三、第二章一、二による。

三 人権観念に立つ日本国憲法の成立

(1) 明治憲法から日本国憲法へ

昭和二〇年から二一年初頭にかけての政党の綱領の中には「人権」といった言葉も散見されるが、注目されるのは昭和二〇年一二月の憲法研究会（高野岩三郎、鈴木安蔵等）の「憲法草案要綱」や昭和二一年一月の高野岩三郎の「改正憲法私案要綱」である。ここでは「人権」という言葉は登場していないが、法律による制限を明示しない保障形式が採用されているのが目を引く（例えば、明治憲法では「日本臣民ハ法律ノ範囲内ニ於テ言論著作印行集会及結社ノ自由ヲ有ス」とあったが、憲法草案要綱では「国民ノ言論学術芸術宗教ノ自由ヲ妨ケル如何ナル法令ヲモ発布スルヲ得ス」とあった）。

ところが、政府に設けられた憲法問題調査委員会作成の「憲法改正要綱（甲案）」は、いわゆる「法律の留保」の下における保障（臣民の権利・自由の制限は、議会の制定する法律によらなければなしえないという意義をもつ）を受ける権利・自由の範囲を拡大するにとどまるものであった。一九四六年一月にアメリカ本国より送付されたSWNCC-228という文書により、この「法律の留保」は法律によりさえすればいかようにでも権利・自由を制限できるという実態にあることを知らされていた総司令部は、調査委員会案にきわめて厳しい目を向けたであろうことは想像に難くない。

二月一日の『毎日新聞』のスクープにより日本政府の案を知った総司令部は、自ら改正案を考えるほかないと結論し（それには、極東委員会が活動をはじめていろいろといってくるであろうことへの懸念も作用したようである）、二月一三日、政府が二月八日に提出した「憲法改正要綱」に対する回答として、いわゆるマッカーサー草案を日本政府に手交することになる。

草案は、第三章の標題を「人民ノ権利及義務」としつつも、既述のように「基本的人権」を明記する九条・一〇条を設けている。しかも草案は、裁判所の違憲審査権（司法審査権）を導入し、人権規定は立法府を拘束し、法律によりさえすれば何でもできるという〝悪しき意味での法律の留保〟を排するだけでなく、違憲審査制によってそれを担保しようとするものであった。

この草案を受けとった日本政府は、独自の改正草案要綱の作成にとりかかるが、その過程で、個別的事項についてかなりねばり強く総司令部と交渉している様子がうかがわれる。けれども、

「基本的人権」を保障するという点についてはさすがに異論を述べるということはなかったようである。

(2) 帝国議会における審議から知られること

その後、「憲法改正草案要綱」発表（三月六日）、新選挙法による総選挙（四月一〇日）、「憲法改正草案」発表（四月一七日）、第一次吉田茂内閣成立（五月二二日）、憲法改正案の帝国議会提出（六月二〇日）と進む。なお、六月一九日に、松本烝治国務大臣に代わって、法制局長官の経歴をもつ金森徳次郎が憲法担当国務大臣に就任した。

「人権」をめぐる帝国議会での審議はどのようなものであったか。次の四でみるように、日本国憲法発足後の憲法学を中心とする議論は理論志向の強いものであったが、この点、制憲者がどう考えていたかを確認するのも大事ではないかの視点に立って、議会の議事録なども丁寧に読み込み事態の解明を試みた土井真一氏の研究(6)によって少し辿ってみたい。

まず、憲法改正案一〇条（帝国議会での修正で一一条）には、次のように規定される。「国民は、すべての基本的人権の享有を妨げられない。この憲法が国民に保障する基本的人権は、侵すことのできない永久の権利として、現在及び将来の国民に与へられる」。

昭和二一年九月一六日の貴族院委員会審議において、佐々木惣一議員は、人権規定の解釈に際してその「基本的ノ理念」を明らかにしておかねばならないとの立場から、前段にいう「基本的人権」をもって、「凡ソ人間デアルカラト云フ立場ニ於キマシテ国家カラ認メラレナケレバナラヌ所ノ地位」、「国民生活ノ共生原理」と解したうえで、後段にいう「この憲法が国民に保障する基本的人権」（傍点は筆者）とどう関係しているのかと質した。これに対して金森国務大臣は、自然規範で議論するのであれば、それは国家とは独立のものというべきであるが、日本国憲法は国家の法という立場から「基本的人権」を「法的権利」として「保障する」ものであると答えている（傍点は筆者）。

しかし佐々木はさらに、前段の「基本的人権」と後段の「この憲法が国民に保障する基本的人権」との間に差異があるのかないのかを質したのに対して、金森は結局は同一であると答えている。ただ、それだけでは漠然としているので、憲法は制定の時点で特に重要と考えられるものを個別的に列記したものであって、将来それ以外にも学問上あるいは政治上の実際において重要と思われるものが出てくれば、「基本的人権」として保障されることになる、という趣旨のことを述べている。換言すれば、一一条はいわゆる包括的権利規定の趣旨をもつことになる（金森が後に書いた『憲法遺言』では、憲法で列記されている権利・自由は、小間物屋のショウ・ウインドウに並んであるようなもので、蔵の中にはまだ多くの小間物がありうる、というように述べている）。

これに対して佐々木は、その結論には納得しながらも、「法」や「権利」という用語は国家の実定法のレベルのものに限定しようとする立場を持したようで、後に、憲法改正案一二条（帝国議会での修正で一三条）にいう「生命、自由及び幸福追求に対する国民の権利」を包括性をもった権利と捉え（佐々木はこれを「国民の存在権」と命名するようになる）(7)、憲法上の実定的な権利・自由論を展開するようになる。

（6） 土井真一「憲法解釈における憲法制定者意思の意義——幸福追求権解釈への予備的考察をかねて（一）～（四・完）」法学論叢一三一巻一・三・五・六号（一九九二年）。

（7） 佐々木惣一『改訂日本国憲法論』（有斐閣、ここでは一九五八年の〔三版〕）による。

四　人権の根拠・体系と実効的保障

(1)　人権の根拠・体系

日本国憲法の成立を契機として、様々な論が展開されるようになる。第二次世界大戦後ドイツで自然法論が復活したこともあり、わが国でも自然法によって日本国憲法上の権利・自由を捉える論も登場した。

しかし存在と当為を峻別するケルゼンの純粋法学が、戦前から、普遍性の高い科学的な法律学としてわが国でも強い影響力をもったところがあり、その影響下にあった宮沢俊義は、自然法論を避け、「今日多くの国では、人権を承認する根拠として、もはや特に神や、自然法をもち出す必要はなく、『人間性』とか、『人間の尊厳』とかによってそれを根拠づけることでじゅうぶんだと考えている」とし、また、日本国憲法にいう「基本的人権」とは、「人間性から論理必然的に派生する前国家的・前憲法的性格を有する権利である」、などと説いた(8)。

宮沢説でさらに重要なのは、日本国憲法が定めるいろいろな種類の権利・自由について、イエリネックの「国家における国民の地位」論をケルゼンの「国民の国法に対する関係」論に結合させて、その国法に対する関係を、①受動的関係(義務)、②無関係な関係(自由)、③消極的な受益関係(自由権)、④積極的な受益関係(社会権)、⑤能動的な関係(積極的公権〔受益請求権あるいは国務請求権〕と参政権)に整理し、これらの自由権・社会権・受益請求権・参政権のいずれも「人間の尊重の要請」に基づく「人間の権利」、端的に「人権」と呼ばれるものである、とされたことである。

宮沢説でもう一つ注目されるのは、「日本国憲法第一一条ないし第一三条および第九七条に定められた人権宣言の一般原理は……」(傍点は筆者)というように理解されていることである。

この宮沢説は、欧米における様々な考え方を日本国憲法を念頭におきつつ巧みに整理し、日本国憲法の解釈のあり方を呈示したといえるもので、その後通説的な地位を占めるに至ったのは十分首肯できるところである。

しかし、個別・具体的に立ち入ってみると、様々な重要な問題の存するところであった。まず第一に、宮沢説は、憲法一一条ないし一三条も「一般原理」を定めているとした点である。この点は、既にみたように、一一条に関し真剣な議論の軌跡をもつ制憲者の意思とは明らかに異なるものである。さらには、一三条も結局は具体的な内容をもった法的帰結をもつ権利（法的権利）を定めたものではないとされていることである。そこには、一三条の「生命、自由及び幸福追求に対する国民の権利」とは、基本的には、憲法で個別具体的に列記された諸権利・自由そのもの（いわば個別具体的な権利・自由の総称）であるという理解があったのではないか。

しかしこの宮沢説も、他のほとんどの見解と同様、平等について定める憲法一四条については、「人権宣言の一般原理」の次元にとどめず、もとより重要かつ具体的な法的意義をもたせている。私には、特にこの点がしっくりこないものがあった。アメリカの独立宣言には、「われわれは、自明の真理として、すべての人は平等に造られ、造物主によって、一定の奪いがたい天賦の権利を付与され、そのなかに生命、自由および幸福の追求の含まれることを信ずる」（高木八尺＝末延三次＝宮沢俊義編『人権宣言集』（岩波書店、一九五七年）〔斎藤真訳〕による）とある。憲法一三条と一四条はいわば〝対になった規定〟で、日本国憲法が定める他の個別的な権利・自由規定とは何か「格」の違う根本的規定ではないかという思いを次第に強くした。

私は研究生活に入った頃から、悲劇的な全体主義はいかに生じたのかに強い関心をもち続け、それに陥らないようにするには人間の存在基盤である人格権的なものの保全の徹底を図る必要があると強く考えていた。一九六七年から六九年にかけてアメリカに留学したが、当時はコンピュータが登場しはじめた頃で、人間のプライバシーの保全を図ることがますます難しいものになっていくのではないかの予感・危機感のようなものを抱きながら帰国した。

そして、これを〝大きな課題〟として日本国憲法の下で取り組むには、一三条の「生命、自由及び幸福追求に対する国民の権利」（以下単に「幸福追求権」という）を措いてないと思い定めた。その際想起したのは、先に少し触れた佐々木惣一の包括性をもった「存在権」論であった。ただ、その具体的内容や他の人権規定との関係などがもうひとつ分かりにくいところがあったところ、幸いにその頃、「自己の人格を自由に発展させる権利」を保障するドイツの憲法（当時のボン基本法）二条一項に関連させつつ、同種の権利が「幸福追求権」の補充的保障の対象になりうるとする種谷春洋説に接することができた。私はこれに勇気づけられて、帰国した翌年（一九七〇年）、プライバシーの権利の本質を「自己情報コントロール権」と捉えたうえで、それが一三条の「幸福追求権」の補充的保障の対象となると説くとともに、その保護を十全なものとするための立法措置の必要を訴えた。(9)

種谷はアメリカの人権宣言の成立史やヨーロッパの自然法論の歴史に精通した先輩で、そうした学識を背景に、一三条の「幸福追求権」は包括的な権利で、個別具体的な権利はそこからいわば流出派生するものであり、それらに該当しないが人間の人格的生存にとって重要なものは、「幸福追求権」の補充的保障の対象となると説くものであった（因みに、芦部信喜編『憲法Ⅱ　人権⑴』〔有斐閣、一九七八年〕における種谷の「生命・自由および幸福追求権」は、年来のその趣旨を整然と体系的に説いたものである）。

現在、私は一三条について次のように説いている。前段の「個人として尊重される」とは、一人ひとりの人間（個人）が自由・自律という尊厳性を表象する「人格」主体・「権利」主体として（別言すれば人格的自律の存在として）、他者と協働しつつそれぞれのかけがえのない生の形成を目指すことを最大限尊重しようとする趣旨である（「個人の尊厳」「人格の尊厳」原理）。後段の「幸福追求権」とは、前段の「人格の尊厳」原理を受けて、人格的自律の存在としてあり続けるうえで重要な権利・自由を包括的に保障する権利である（包括的な「人格的自律権」）。憲法上列記の諸権利・自由は「幸福追求権」から流出派生するものであり、それらに含まれないものであっても、人格的自律にとって重要と目されるものは「幸福追求権」によって補充的に保障される。

プライバシーの権利（自己情報コントロール権）は、私見によれば人間の良心の最も深いところにかかわるものであり、他者（政府を含む）による自己に関する情報の収集・利用などをコントロールすることを内容とするということになるが、ただ「情報」というものの性格上、個々人の具体的な対応措置には限界があり、結局、大事な自己情報が守られているという〝安心感〟を与えるようなシステムの構築に依拠しなければならないところがある（法律や国際的な取決めによる個人情報保護制度を必要とするという課題）。つまり、ここでは、憲法が保障するそれぞれの権利が、政府によって妨げられないという自由権か、政府に対して積極的行為・対応を請求する権利か、といった区別が決定的な意味をもたないということになる。

補充的保障の問題から離れることになるが、この種の問題は、権力によって妨げられないことを本質とする自由権、例えばその中でも最も典型的かつ重要な表現の自由に関してもみられることを指摘しておかなければならない。それは、いわゆる〝知る権利〟の問題に典型的にみられるところである。

この〝権利〟は、第二次世界大戦中のアメリカの徹底した情報統制への反省を背景に、政府の監視を強化する必要の趣旨を込めて主張されるようになり、一九六七年の情報自由化法の施行をみるが、私はここにも現代国家の象徴的な一面をみて、日本国憲法にいう「表現の自由」をもって、情報の収集―伝播―受領の動態の中で一体的に捉える「自由な情報流通のための権利」と解すべきことを主張し（先に触れた芦部編著で筆者が担当した「表現の自由」は、そのような観点からの体系的論述である）、関西の自治体の情報公開条例の制定などにかかわっていくことになった。

これらの例にみられるように、混沌とした人間の存在状況の中から、一定の規範内容が形成され、それが法的世界に取り込みうるまでに成長し（「法的権利」化可能性）、さらに司法的救済を可能とするまで特定化される（「具体的権利」化可能性）という筋途を想定しながら、①「背景的権利」、②「法的権利」、③「具体的権利」といった、〝権利（人権）の動態的展開〟を述べたりした。

人権を自由権か社会権かあるいは参政権かなどと類型化し、その類型に応じて保障の内容・あり方を厳密に考える従来の筋論からすると、このような考え方は自由自在に過ぎると解されるかもしれない。私も類型論には重要な意義があると考えてきているが、現代国家における政治権力のあり方や勢いを増す科学技術の奔流などを考えるとき、プライバシーの権利や表現の自由の例にみられるように、その本質・本体を害さず、むしろその働きを高めると思われる場合には、複合的な性質・内容の構成をとることも許される、さらには必要ではないか、と考えてきた。

因みに、情報の自由な流通にかかわる表現の自由は、民主主義はもとより他の人権の保障状況を知り保障を確保するための、いわば〝横串的〟働きをもつ権利・自由であり、その〝優越的地位〟が語られてきたところである。また、プライバシーの権利（自己情報コントロール権）は、良心の自由などの基礎的条件をなす、これも〝横串的〟働きをもつ権利である。こうした点に関し、きわめて印象的でよく引用する小林秀雄の言葉に触れるにとどめる。「人間の良心に、外部から近づく道はない。無理にも近づかうとすれば、良心は消えてしまふ。これはいかにも不思議な事ではないか。人間の内部は、見透しの利かぬものだ。そんな事なら誰も言ふが、人間がお互ひの眼に見透しのものなら、その途端に、人間は生きるのを止めるだらう。……良心の問題は、人間各自謎を秘めて生きねばならぬといふ絶対的な条件に、固く結ばれてゐる事には間違ひなさそうである[10]」。

最後に、人権を考えるとき、人間（個人）それ自体と社会・国家との関係のあり方に関する「道徳理論（moral theory）」ともいうべきものの重要な意義を思わざるをえない。それは人間（人類）の歴史や経験、時代についての認識などを踏まえた哲学的思惟の所産で、われわれに貴重な教示を与えてくれる[11]。ただ、同時に、イギリスの一七世紀初頭にコーク（あるいはクック）が説いたという「法の技巧的理性（artificial reason）」の役割を強調しておかなければならない。この関係で、法理学者フリード氏の示唆的な言説を紹介しておく。〝哲学は、高い所から下降し、地上二〇フィートの所で止まる議論・考慮の精緻な構造を提案する。この理念と価値の構造を完成し、地上にしっかりと固定するところに法の特殊な役割があり、法は激情と衝突の嵐から現実の人間を守るべく構造を完成するのである。最後の二〇フィートは建物の最も人目を引く部分ではないかもしれないが、不可欠の部分である[12]〟。

(2) 人権の実効的保障

人権の上記のような性質・構造から、その実効的保障のためには、当然のことながら政治部門の責務も重いものがある。特に議会における討論・審議を通じてこの責務が果たされていくことが期待されるが、同時に、〝政治の場〟には様々な「力」が作用し、常に人権をむしろ脅やかす要素を内在させていることは、人類の歴史から看取されるところである。

法哲学の森際康友氏は、「立憲民主制」は人類にとって現状で正義実現を可能とする最高のものとし、その「立憲民主制にあっては、concept としての『正義』とは、『権利保障の努力』と定義される[13]」と確言し、司法制度の決定的役割を強調する。

その司法制度に関し、日本国憲法下になっても、司法関係者は結局のところ「小さな司法」のままに打ち過ごしてきたのではないか、中でも新たに付与された行政訴訟の裁判権や違憲審査権の行使に関し真正面から取り組もうとする体制作りを含む十分な意欲を示しえないままに時を費してきたのではないか、の疑問を避けえないものがあった。

世紀末の司法制度改革は生ずるべくして生じたものであり、二〇一八年四月の合同談話会の報告およびそれに基づく拙稿（前記日本学士院紀要）でも触れたように、司法の基礎の相当な拡大とそれに伴う種々の成果をみたことは否定できないと思う。もとより改革の成果をめぐっては様々な評価がありうることは十分承知しているが、改革に関係した一人として最もうれしく思う一つは、総合法律支援法が制定され、それに基づき日本司法支援センター（「法テラス」）が設立されて、ここにようやく一般の国民が「正義」にアクセスできる道が広く開かれたということである。

しかし司法制度改革審議会意見書は、行政訴訟制度の見直しの必要性を提言し、具体的な一定の成果をみたものの、違憲審査のあり方については、憲法の期待に必ずしも十分に応えるものではなかったという評価も少なくないと指摘するも、具体的に踏み込まなかったことを当初から問題視する向きがあった。それでも、改革が具体的に進む中で、最高裁判所は違憲審査権の行使についてもより前向きに取り組むようになっているのではないかと思わせるところがあった。これも合同談話会の報告で触れたところであるが、その時点までに最高裁判所による法令違憲は一〇件にとどまるが、そのうち五件は今世紀に入ってからのものであった。

しかし、近時、ドイツやアメリカなどの国々に比べて、日本の最高裁判所の違憲審査への取り組み方はあまりにも消極的で、何とかならないものかといった思いつめたような気配も感ずるものがある。

司法制度改革審議会意見書は、「上告事件数をどの程度絞り込めるか、大法廷が主導権をとって憲法問題等重大事件に専念できる態勢がとれないか、等々が検討に値しよう」と述べたが、上告事件数をどうしても絞り込めないということであれば、昭和三〇年代初頭に検討されたことのあるいわゆる〝中二階案〟のようなものを考える必要が出てくるかもしれない（それによれば、最高裁判所を大法廷〔九人のワンベンチ〕と下級裁の一種としての小法廷〔相当数の裁判官による複数のベンチ〕とし、憲法上の最高裁判所は大法廷で憲法事件と判例変更を扱うものとする）。あるいは、行政事件や憲法事件を扱うによりふさわしい「調査官」の制度を設けるといった方途もあるかもしれない。ただ、事は、日本国憲法上最も重要な司法権の独立にかかわるものである。最高裁判所自ら、憲法の期待により確かに応えられるような取り組み方を検討して欲しいと切に願う。

(8) この個所での宮沢説の内容は、宮沢俊義『憲法Ⅱ〔新版〕』(有斐閣、一九七一年)第一部第二章、第三章、第二部第一章～第三章による。
(9) 佐藤幸治「プライヴァシーの擁護」中央公論八五巻四号(一九七〇年)〔本書Ⅱとして収録〕など。
(10) 小林秀雄『考へるヒント』(文藝春秋、一九六四年)五六～五七頁による。
(11) 現代の一例として、ジョン・ロールズ、エリン・ケリー編(田中成明＝亀本洋＝平井亮輔訳)『公正としての正義　再説』(岩波現代文庫、二〇二〇年)。
(12) 佐藤幸治『現代国家と司法権』(有斐閣、一九八八年)五〇八頁参照。
(13) バーナド・ウィリアムズ(森際康友＝下川潔訳)『生き方について哲学は何が言えるか』(ちくま学芸文庫、二〇二〇年)の「文庫版訳者あとがき」四六三頁。なお、引用文の個所の注で「正義論において必ず挙げられるアリストテレスの正義概念も、ローマ法大全におけるそれも、つまるところ、この定義に集約される。言語表現が、『正義』と『権利』の相互関係を明示しており、わが国ではその関係が見えないところに系譜学的問題を看て取ってよい。ラテン語では、権利に相当する語は jus で正義は justitia である」と述べられている。

五　おわりに

以上、人権の保障に関し、①「道徳理論」の重要性、②「技巧的理性」の不可欠性について述べたが、最後に、③世界人権宣言を生み出すにあたって貴重な寄与をなしたエレノア・ルーズベルトに関するエピソードを紹介して終わりとしたい。以下は、京都の（公財）世界人権問題研究センター主催の「世界人権宣言七〇周年記念シンポジウム」（二〇一八年六月。基調講演横田洋三、パネリストは横田を含む坂元茂樹・薬師寺公夫・前田直子）でうかがった事柄である。[14]

トルーマン大統領は、国連の創設に熱心だったフランクリン・ルーズベルトに敬意を払うため、その夫人エレノアを一九四六年ロンドンで開催の第一回国連総会のアメリカ代表団の一員に加える。ロンドンに向かう船の中で作戦会議が開かれ分担を決めることになるが、国連の目的の一つである「人権」の問題については誰もやりたがらない。そして彼女ならやれるんじゃないかということになるが、彼女は固辞する（彼女は大学教育を受けておらず、政治も好きでなかったようである）。が、結局、「過去の歴史や現実の立場から、専門家が集めてきた高い次元の考えを、普通の言葉にするというお手伝いなら私にもできるかもしれません」といって引き受ける。

ところが、あの人と交渉したら絶対勝てないといわれた烈腕のソ連外交官ヴィシンスキーと人権問題について一歩も引かず渡り合い自分の主張を通してしまう。また、この総会で人権委員会ができるのだが、彼女は委員は国の代表ではなく専門的な人たちにと考え努力するも、多くの国の反対に遭い、アメリカ代表団の中からも異論が出て、ここでは妥協しつつ、翌年には、この委員会に人権小委員会をひっつけ、それは個人的資格の専門家だけで構成する、というようなことをやってのけている。

彼女は、次のような考えの持主であった。「普遍的な人権とは、どこからはじまるのでしょう。じつは、家の周囲など、小さな場所からなのです。あまりにも身近すぎて、世界地図などにはのっていません。ご近所の人、かよっている学校、働いている工場や農場、会社などの個人個人の世界こそ、はじまりの場なのです」。これは、シンポジウムの基調講演の冒頭で、彼女の伝記から引用された文章である（デイビッド・ウィナー（箕浦万里子訳）『エリノア・ルーズベルト』（偕成社、一九九四年）一三二頁）。エレノアは、世界人権宣言の起草作業を通して、「人権というのは、必ずしも国家と個人の間のものだけではない、個人あるいはコミュニティの中でも守られるべきものだ」と繰り返し述べ、採択時の演説には「世界人権宣言は、国際社会におけるマグナ・カルタだ」という表現もあったといわれる。

あの悲劇的な第二次世界大戦が終わりほっとすると同時に、二度と悲劇を繰り返さないように何かをやらなければならないという雰囲気があったとはいえ、様々な難しい意見の違いもあった中で、格調高くしかも大変分かりやすい世界人権宣言が生まれたのは、何か奇蹟とさえ思わせるものがある。

そして今われわれは、それぞれの国・社会において、様々な要因から、〝力信仰〟に陥り、「法の支配」ではなく人の支配、専制主義に向かう傾向に直面しているかにみえる。そうであるだけに、世界人権宣言を生み出した背景と人々の真剣な努力にも思いを寄せながら、「人権」には、人間（人類）の壮大にして精緻な哲学的思索の歩み・背景があるだけでなく、その最も基底的なところには、憐憫の情・惻隠の情とか助け合いの精神とかいった、いかなる時代でも人間が善く生きていくうえでの最も基礎的な本性的認識・意識ともいうべきものがあって、人権はそのうえに立っていることにも思いを致し[15]、人権の保全にたゆまざる努力を続ける必要が痛感される。

(14)（公財）世界人権問題研究センター発行の『世界人権宣言七〇周年記念シンポジウム　講演録』（二〇一九年）による。

(15)こうしたことに関し示唆に富むものとして、西嶋法友「人権と直観――法実証主義憲法学への疑問（一）（二・完）」久留米大学法学六九号、七〇号（二〇一三・二〇一四年）（後に、同『続・ルソーにおける人間と国家』（成文堂、二〇二一年）に所収）参照。

（二〇二一年、日本学士院紀要七六巻二号）

Ⅱ　プライバシーの擁護

国家権力のみならず社会的圧力に対して
個人の尊厳をまもることこそ
今日の急務である！

自由と国家と社会と

最近新聞雑誌に公明党の「言論妨害事件」がしきりにとりあげられている。それによれば、藤原弘達氏の『創価学会を斬る』（一九六九年一一月出版、日新報道）の出版に際して創価学会や公明党が著者や出版社に対して様々な圧力を加えたという。期せずしてかような「妨害行為」は憲法二一条の保障する自由を侵害するものであるという声があがり、また政党もこの問題を国会で追及する構えをみせるにおよんで、公明党の矢野書記長は著者や出版社、一般書店と「接触」した事実を認め、「国民に疑惑を抱かせたことは遺憾」と語るにいたった。

私はここでこの事件それ自体をとりあげて論じようとするのではない。この事件の事実関係については、まだ必ずしもすべてが明らかなわけではない。むしろ私は、この事件が、今日の複雑かつ高度に相互依存的な社会における自由をめぐるデリケートな問題についてわれわれに投げかけている問いを重視したいのである。それはまず第一に、われわれが従来自由を問題とする場合、対国家権力との関係の面のみにとらわれすぎてはいなかったかということである。この点についてはかつてすでに吉野作造は、「言論の自由を圧迫するものに国家的なるものと、社会的なるものとの二種類ある。而して世人多くは政府を通して来る前種の圧迫のみを観て、動もすれば民間の頑迷なる階級より来る後種のものを看過するのは予輩の常に遺憾とする所」である（『中央公論』大正七年〔一九一八年〕一一月号）と論じて注意を促したことがあった。吉野がこの時論を書いた大正七年は、「白虹事件」と呼ばれる有名な事件が起こった年である。『大阪朝日』は時の政府寺内内閣の権威主義的な態度をきびしく批判する論陣を張っていたが、この年の八月二五日、大阪に新聞記者による言論擁護内閣弾劾の大会が開かれ、これを報じた同紙の夕刊記事に「白虹日を貫く」という一句があったことから問題が生じた。中国の故事によれば「白虹日を貫く」現象は、国に兵乱、しかも君主に対するクーデターあるいは暗殺の起こる兆であるという。つねづね言論取締りの口実を探し求めていた政府は、これを見逃すはずもなく、直ちにこの夕刊を発禁処分にするとともに新聞紙法違反で起訴した。この政府の強硬態度に勢いを得た右翼は国体擁護の旗印の下に活発な活動を開始し、『大阪朝日』の社長村山龍平が右翼の一団に襲われ、衆人環視の中を石燈籠にしばりつけられるという事件が起こった。吉野の先の時論が「言論自由の社会的圧迫を排す」と題して書かれたのは、かかる情況を背景にしてのことであった。

このような言論の自由の社会的圧迫は、昭和三六年の嶋中事件にみられたように、戦後においても決してなかったわけではない。そしてその都度かなり世間の注目を集めもした。しかし、吉野の警告は戦後のわれわれの間に果たしてどれだけの具体的な意味をもって受けとめられてきたであろうか。吉野が敢然と立ち向かった「社会的圧迫」は暴力によるものに限られないし、またその対象は言論の自由に限定されないはずである。もとより戦後われわれが自由をまず国家との関連で問題とし、国家に対して著しい警戒的態度を持してきたのは疑いもなく正しい。国家権力によって国民の思想感情をひとつの鋳型にはめこもうとした戦前の旧い要素が、戦後も政治の分野で根強く残っていたし、またそれが時おり政治の表舞台に躍り出てきたからである。

新憲法は主権在民を宣言し、国家機構を徹底的に民主化することによって国家と国民の利害の同一化をはかり、それによって国民の自由の安全をはかった。しかし憲法は、かような楽観的な哲学に満足しきったわけではない。国家の利害と同一化されたはずの国民自体の内部の政治的社会的闘争の契機を重くみて、アメリカ憲法の起草者たちを支配したと同じ政治哲学に立って、違憲立法審査制をはじめとする様々な工夫をこらして国家権力が多数者の名において圧制的に利用されることに備えた。そして憲法は、憲法が保障する国民の自由・権利は国民の「不断の努力によつて」保持されねばならないとその覚悟を促すことを忘れなかった（一二条）。

しかし問題はさらにこの次にある。「多数者の圧制」とは単に明白な実力の行使の形態をとるものとは限らない。平等化・平準化の進んだ民主主義社会では、世論とか支配的な雰囲気や感情が個人の自発的・自律的な発展を妨げ、事実上個人を狭く窮屈な空間に窒息せしめてしまう危険が潜んでいる。一八三〇年代初頭アメリカを旅行し、その社会をつぶさに観察したトックヴィルはすでにこの危険を鋭敏に嗅ぎとっていた。彼は、その著『アメリカにおける民主制』（但し、邦訳名は一様ではない）の中で「アメリカにおけるほど精神の独立や討論の真の自由が乏しい国を私は知らない」とまでいいきった（Alexis de Tocqueville, Democracy in America, edited by Richard D. Heffner, New York, 1956 による）。このトックヴィルの本には、誤解や誇張による記述がなくはない。しかし民主主義における個人の自由の問題についての観察には、きわめて鋭いものがある。

そしてこのトックヴィルの本について紹介を書くほどまでに詳しく読んだジョン・ステュアート・ミルは、トックヴィルのいう支配的な世論や感情による圧制の問題をさらに発展させて、一八五九年に発表した『自由論』の中で「社会的専制」として明確に意義づけた。ミルは、この専制は合法的に構成された国家権力の行使を通じて支配する多数者の専制よりもいっそう厳しく恐るべきものであるかもしれないと警告した。なぜなら、「社会的専制は、ふつう、政治的圧迫の場合ほど重い刑罰によって支えられてはいないが、はるかに深く生活の細部に食いこんで、魂そのものを奴隷にしてしまいこれから逃れる手段をほとんど残さないからである」。だからわれわれは行政官の専断を警戒するだけでは十分とはいえない。支配的な世論や感情の圧制からもわが身を守る努力をしなければならない。つまり、「社会が法的刑罰以外の手段を用いて、自己の考えや習慣を、それに同意しない人々に行為の規制として押しつけようとする傾向や、社会のやり方と調和しないいかなる個性の発達をも阻止し、できればその形成をも妨げ、すべての性格に社会自身を模範として自己を形成するように強いる傾向に対する防衛も必要である」(J・S・ミル〔早坂忠訳〕「自由論」、関嘉彦編『世界の名著38――ベンサム、J・S・ミル』〔中央公論社、一九六七年〕所収)。

ミルは、ここでかような「社会的専制」から個人の自由を守るなんらかの具体的方策を提示しているわけではない。しかし重要なことは、ミルが、個人の自由の問題は対国家権力との関係においてのみ生ずるのではなく、むしろ表面に目立たない形で生活のすみずみにまで入りこんでくる「社会」という集団に対しても十分の警戒と対策の必要性を力説した点である。個人の生活に対して集団が力を及ぼしうる限界を画し、個人の独立を守ってやらなければ、民主主義の生存能力は失われる。これがミルの主張の眼目であった。

自由をとりまく情況のパラドックス

もちろん、今日個人が置かれている政治的社会的環境は単純ではない。ミルのいう「社会的専制」からわが身を守るための方法として、社会集団から身をひくか、あるいはできるだけ接触を避けることが考えられるし、そうしようと思えば、ある程度まで可能であろう。しかし今日の社会ではこのようなことはきわめて難しく、生活のために否応なしに社会の組織に組み込まれ、またむしろ積極的に社会に向って働きかけ、集団行動に訴えていかねばならない面がますます増大してきている。平準化した大衆社会で自己の存在を積極的に主張し、あるいは政府の政策形成に自己の主張を反映させ、またその職能をますます拡大し巧妙な統治技術を身につけ、生活の細部にまで食い込んでくる国家に対して自己の自由を守るために、無力な個人は、団体行動・集団行動に訴えていかなければならない場合が多くなっている。キルケゴールのように、「永遠的なもの、決定的なもののためにはたらくことはただ一人でいる時にのみなしうること」だとし、「『衆』は非真理」だ（キルケゴール「わが著作活動の視点」田淵義三郎訳、『キルケゴール著作集（一八）』〔白水社、一九六三年〕所収）といってみても、社会の集団化は避けられない歴史の流れであった。

このような社会構造の変化に伴い、自由の価値を個人の存在のあり方からのみ意義づける方法を、意識的あるいは無意識的にある程度あきらめ、集団の面から自由を捉えようとする動きが出てきたのは当然であった。それは自由を個人の「独立性」「自律性」の面から捉えるよりも、むしろ自由の「結果」ないしは「成果」の面を重くみて、社会全体としての自由の均衡ある展開を確保しようとする態度である。

もとより自由の定義づけは難しい。それは、あのリンカーンをして「人類はこれまで『自由』という言葉についてすぐれた定義をもったためしがない」といわしめたほどである。だが、自由の「面」は捉えることは比較的容易であろう。そして、次のクリントン・ロシターの捉え方は有益と思われる。彼によれば、自由には「独立」「プライバシー」「力」「機会」の四つの面があるという（Clinton Rossiter, "The Pattern of Liberty," in Aspects of Liberty, edited by Milton R. Konvitz and Clinton Rossiter, New York, 1958）。「独立」はいうまでもなく人が強制・恐怖・抑圧その他の様々な圧力による身体的・精神的不安から免れていることであり、「プライバシー」は、後に詳述するように、特殊な種の独立であって、自己の一定の思想感情の領域が他者によって不当に踏み込まれない状態を指す。これに対して「力」は人が自らを方向づけ自己の志望・目標を実現できることをいい、「機会」は多くの選択可能な行動方向が開かれていることをいう。前者の二つはいわば自由の消極面であるのに対して、後者の二つは積極面ということができる。

単純化しすぎるきらいはあるが、少なくともアメリカについていうならば、産業革命の当初は右の自由の四つの側面はかなりバランスのとれた情況にあったといえる。産業化・都市化は、個人を相互監視的な小さな農村社会より解放することによってその「独立性」と「プライバシー」とを強化し、また都市では多くの「機会」もあった。そして伝統的な「夜警国家」観は、統治の面で個人の自由を保障する有効な担保であった。下層階級は劣悪な生活条件下に置かれ、十分なプライバシーを享受できなかったかもしれない。しかし政府は彼らについての情報をあまり必要とせず、いわば公権力によって放置されていた。

しかし産業革命のいっそうの進展に伴う富の集中は、自由の「力」と「機会」とを奪われた無数の大衆を生み出し、他方ではかかる大衆の反抗を抑えるための公的機関および私的産業組織の警察活動（後者のものとしては例えば鉄道警察、鉄・石炭警察あるいは私立探偵組織の活動）を促すことによって、彼らの「独立性」も「プライバシー」も重大な侵害の危険に晒されつつあった。今世紀初頭のウッドロー・ウィルソンの「新しい自由《ニュー・フリーダム》」はまさにかかる背景で出てきたものであり、それはまず「敗残者《アンダードッグ》」たる無力な大衆に集団としてのバーゲニング・パワーを与えることによって彼らの「力」と「機会」とを回復しようとしたのである。当時の自由主義者のリトマス試験紙は、労働組合運動に同情を示すかどうかであった。このニュー・フリーダムの思想は、レッセフェール的な古典的自由主義者と裁判所における苦渋に満ちた闘争を経て、連邦最高裁判所が新しい自由主義思想に屈した一九三七年のいわゆる「憲法革命」で最終的な勝利を収めることができた。つまり「集団」こそが自由の担い手として登場してきたわけであり、「集団」にこそ自由回復の期待がかけられたわけであって、「利益集団自由主義」（Theodore Lowi, "The Public Philosophy: Interest-Group Liberalism," 61 American Political Science Review（March 1967））と呼ばれる所以である。

この新しい思想は、集会・結社・表現の自由の具体的な保障形態の変化にもみることができる。

今世紀初頭から三〇年近くにわたって連邦最高裁判所判事として活躍したホームズは、一八九五年マサチューセッツ州最高裁判所判事であったときに、市長の事前の許可を得なければ公有地で演説してはならないというボストン市条例の有効性を支持し、「立法府が公道または公園における演説を絶対的にもしくは条件をつけて禁じても公民の権利を侵すことにならないのは、家屋の所有者がその家屋の中で演説することを禁じても公民の権利を侵害することにはならないのと同一である」（Mass. v. Davis, 39 N.E. 113（1895））と断ずることさえできた。自由のチャンピオンと目され、政府が言論を規制するには言論よる害悪発生の危険が明白でしかも差し迫っていなければならないという「明白かつ現在の危険」理論の強力な提唱者としてわが国でも知られているホームズにしてさえ、前世紀末にはこのような意見を書いたのである。もとより今日では、かかる見解が妥当しうる社会的政治的基盤は失われている。また結社の自由に関連して裁判所が結社のプライバシーを認め、政府に対して団体内部の事柄について濫りにタッチしないように要求するようになってきたのも、それがひいては個人の自由の「力」を強め、行動能力を高めることになるという認識に基づくものであることは疑いない。たとえば、黒人地位向上協会（ＮＡＡＣＰ）の会員名簿を明かせというフロリダ州立法調査委員会の主張を連邦最高裁判所が斥けたのもかような理由に基づくものであった（Gibson v. Florida Legislative Investigation Committee, 372 U.S. 539（1963））。

にもかかわらず、否こうした傾向が進めば進むほどかえって、個人の無力感を訴える声が呪いのように呟かれてきた。イギリスの社会主義雑誌『ニュー・ステーツマン』は、かつて次のような記事を載せたことがある。「イギリスでは、福祉国家が大衆に対して大幅な自由の増大をもたらしたことを当然のことながら誇りとしている。……われわれはこのめざましいかつ有益な変革をやり遂げながら、他方では個人が、より大きな生活保障の恩恵に浴しつつも、現代社会の巨大かつ複雑な組織を前にしてしばしば無力さを思い知らされていることに気づいている。権力集中は、国家と個人の見地からすれば国家それ自体とはほとんど区別のできない大企業においてみられるだけでなく、新聞やラジオのような独占体に近いもの、労働組合、さらには民主主義的な政党にさえみられる。通常の市民にとっては、官僚と少数の権力者《オリガーク》とは『われわれ』のコントロールのほとんどあるいは全く及ばない『彼ら』なのである」(The New Statesman, June 23, 1956)。

　この記事は、自由の回復者として登場し、かつある面では政府の機能を代替さえしつつある社会の諸集団が、その官僚主義化を通じてふたたび個人の自由の前に立ち塞がりつつあることを物語っている。これはわが国の場合でもほぼあてはまるであろう。集団の官僚主義化は、集団の個々の構成員の声を吸い上げる能力を失わせ、個人の無力感を助長するだけではない。これらの集団は構成員の生活を配慮しあるいは構成員全体の利益や大衆の名において行動している。それだけにこれらの集団がつくり出す規律や一般的な雰囲気は集団内の個々人が抗することを難しいものとしている。またこれらの集団は、集団外の個人にとってはひとつの「権力」の様相さえ帯びる。国家権力の専断の危険をあくまでも重視する者にとっては、国家権力に対する抵抗力をもつこれらの集団による個人の自由の抑圧ないしは侵害の危険は、ある程度やむをえないものとして甘受すべきものかもしれない。しかし個人の立場からすれば、それが国家たると社会たるとを問わず、自由の侵害という点では変わるところがないはずである。

社会的圧迫から自由を憲法的に救済することの限界

大企業やその他の社会の諸集団による自由の抑圧や侵害の可能性に対して、憲法は決して無関心であったわけではない。戦前すでに佐々木惣一は、「自由権ハ臣民ノ国家ニ対スル関係ニ於テ存ス。私人ニ対スル関係ノ問題ニ非ズ」（『日本憲法要論』〔金刺芳流堂、一九三〇年〕）としながらも、とくに言論の自由については社会的圧迫の問題に注意を払い、国家機関たる者は、自ら不当に言論の自由を侵害しないことによるだけでなく、他の者が不当に言論の自由を抑圧することを防止することによっても言論の自由を保護しなければならないことを強調したことがある。「暴力、強迫、誹謗、中傷其の他社会的に威力と考へられる態度に依る言論の抑圧を防止することは、国家の重大な任務に属する。其の威力を用ゐることが其自身防止せらるべきであるが、併し、それが言論の抑圧の為に用ゐられる場合に就ては、国家は、社会生活の進化に向ての綜合的努力の要件たる、言論の自由を保護する、といふ立場から、特別の注意を為さねばならない」（『改造』一九三四年一月号）。

この佐々木の主張は、基本権は対国家権力に対してのみ妥当するという伝統的な学説に立ちながらも、こと言論の自由に関しては、その価値を社会との関係においてもできるかぎり妥当せしめようとする意欲をうかがわせるものとして注目に値する。戦後この意欲は、アメリカやドイツ憲法の影響の下でさらに発展せしめられて、基本権一般の第三者効力論として通説的地位を占めるに至り、違憲訴訟の存在によって具体的な意味内容を与えられるに至った。この観点に立って、女子結婚退職制の問題や、会社の行う宗教上の行事に参加を求められた従業員が、祓詞の朗読などに関する講義に加わらずあるいは講義に抗議などしたために会社の名誉信用を傷つけたとして解雇されたことの妥当性の問題や、労働組合の大会決議で組合員の政治活動の自由を制限できるかどうか、といった問題が憲法の角度からも論じられ争われた。

このようにして、憲法の保障する基本権は社会においても妥当すべき一般的な価値秩序であるということが原則的に認められるべきだとしても、その具体的な実現となると難しい問題がある。というのは、私人間の関係に憲法を適用することはいわば両刃の剣で、その使い方によっては、必要以上に私人の自発的な活動を妨げる結果になるからである。私人双方とも基本権の担い手なのである。そこで、基本権の私的侵害が法律行為による場合については、この関係を規律すべき私法規定の解釈にあたって憲法が保障する基本権の趣旨目的が生かされるべきとされ（とくに「公ノ秩序又ハ善良ノ風俗ニ反スル事項ヲ目的トスル法律行為ハ無効トス」と規定する民法九〇条のような一般条項が適用される場合が多いが、この「公ノ秩序」の解釈に際して基本権の精神が生かされることになる）（この意味で基本権の間接適用と呼ばれる）、また、私的団体などの事実行為による基本権の侵害については、アメリカの state action に関する理論によりながら、私的団体の国家との具体的なかかわり合いの程度に応じて憲法の基本権規定の適用の拡張をはかるべきである、という見解（芦部信喜「私人間における基本的人権の保障」東京大学社会科学研究所編『基本的人権 一 総論』〔東京大学出版会、一九六八年〕所収参照）が有力である。

憲法的救済には、このような制約があるだけではない。第二に、訴訟で争うことはよくよくの場合であろうし、またそのためには当然のことながら多大の費用と時間とを要する。こうした負担に耐えない人の自由の侵害の方がむしろより重大であろう。人権侵害行為が犯罪的な性格を帯びる場合、佐々木が力説したように政府の積極的保護に期待しなければならないが、先の佐々木の期待が戦前においていかに空しいものであったかは歴史が如実に示している。先に挙げた時論で吉野が、「何事にも神経過敏なる我警察官憲が、斯の如き不穏の言動の取締につき、余りに寛大なるを遺憾とする」と痛烈に皮肉ったのが想起される。もとより今日は当時と大いに事情を異にしている。しかし人権侵害行為がかなり明白な形をとる場合でないかぎり、政府としては乗り出しにくい事情があることを知らなければならない。したがって、ミルが懸念したところの間接的かつ巧妙な方法で生活の細部に食い込み人の精神を萎縮させるような「社会的専制」に対しては、形式的な法的救済が働きうる余地はそう大きくはない。

結局われわれは、各個人が人格の尊厳や精神の自由・独立を守ろうとする意欲をもち、このような意欲を社会的にも価値あるものとして受け入れ、それを社会の規範にまで高めていく地道な努力を続けることが根本であるという平凡な結論に到達する。帝国憲法を改めた日本国憲法は、その一三条前段で「すべて国民は、個人として尊重される」と宣言した。そして、この新憲法の成立とともに続々と出版された教科書や種々の啓蒙書は、新憲法を支える大きな支柱は「個人主義」思想であることを力説し、かつての全体主義的な思想や生活態度《ウエー・オブ・ライフ》と明確に離別して、個人の人格の自律的発展の価値を重視する思想への移行こそ新憲法の骨子である、と指摘することを忘れなかった。しかしその後果たしてわれわれは、この個人主義をどのように消化してきたであろうか。われわれは、この思想を国家対個人の関係を規律すべき抽象的な外的論理として構成し利用しただけで、個人主義が歴史的に実証してきた厳しさを内面化し、個人および社会をも規律する規範にまで高める努力は十分であったであろうか。個人主義は、リースマンをして「私はあくまでも主張したい。いかなるイデオロギーも、それがいかに気高いものであれ、集団の必要のために個人を犠牲にすることを正当化できるものではないということを」といわしめた（David Riesman, Individualism Reconsidered, and Other Essays, New York, 1964）気魄や厳しさと重要な関係があるはずである。それは、自分にとってはどうにもならない生き方を誠実に追求し、そのような生き方に自ら責任を負う態度であり、そのような個人の生き方を社会として承認し、お互いに尊重し合うことではないか。戦後史を貫く第九条をめぐる論争の華々しさと街頭における政治的闘争の激しさの中で、もし失われたものがあったとすれば、それはこの個人主義の内面化の課題への地道な取り組み方ではなかったであろうか。あの六〇年の安保闘争の最中において、「『民主主義擁護運動が空前の盛り上りを示した』とか、『日本の民主主義はついに地についた』とかいうような学者の論評が新聞雑誌にのるたびに、私は心の中で、どうして民主主義がそれほど景気のいいものなのだろうかといぶか」ったという江藤淳氏の述懐（「政治的季節の中の個人」、『表現としての政治』（文芸春秋、一九六九年）所収）は、この辺の事情にかかわることだろう。

先にも指摘したように、巨大国家を前にして、多元的な社会集団の存在や集団行動の意義はきわめて大きい。われわれは、近代独裁国家が社会の諸集団の徹底的な破壊を通じて成立したことを知っている。しかし、こうした社会や政治への積極的参加の自由は、人間人格の自由な発展のためにこそあるのであって、論理的には決してこの逆ではない。個人のプライバシーや精神的独立、つまり個人の人格的尊厳こそが人間存在の出発点である。「消極的な自由から積極的な自由へと進むことができないかぎり、けっきょく自由から逃れようとするほかない」(エーリッヒ・フロム〔日高六郎訳〕『自由からの逃走　新版』〔東京創元新社、一九六九年〕)ことは確かであろう。しかし、消極的自由が十分確保されていないところでの積極的自由は、それがいかに絢爛たるものにみえようとも、所詮活けられた花のごときものであって、早晩萎えざるをえないこともまたたしかなことである。

プライバシーを覆う暗いかげ

この個人の「独立性」ということについては、さらにもうひとつの今日固有の懸念すべき問題がある。それは、豊かな社会を約束しつつあるかにみえる現代テクノロジーが、個人のプライバシーに投げかける暗いかげである。ある人がいったように、本来的に「組織はわれわれのプライバシーを費消する」性格をもっている。政府や大企業のような大きな組織が自らを管理し、その活動能力や能率を高めようとすれば、それは必然的に組織の構成員および組織活動の対象となる人々についてのより多くの情報を得ようとするであろう。われわれが今日生活しているこのような性格をもった組織社会が、現代テクノロジーを駆使して私的生活領域に恣意的に踏み込んでくるならば、その結果は明らかであろう。

ソルジェニーツィンの『煉獄のなかで』というスターリン時代を描く小説の冒頭に、外務省の二等参事官である男が、彼の知る医学部教授が政治事件に巻き込まれようとしているのを知って教授の家に電話で知らせてやるが、その際電話盗聴によって自分がつきとめられることを恐れ、わざわざ公衆電話を使い相手に自分の名を告げず、しかも声さえつくろって話す場面が出てくる（そしてやはり電話は盗聴されていた）。このようなことは、スターリン時代のソ連で十分ありえたであろう話であるだけでなく、今日では程度の差はあれ、いわゆる自由主義諸国でも、かなり一般的にみられるものであることは、次の事実からもうかがわれる。

一九六三年の夏のある日、アメリカ連邦政府の一官吏がカンザスシティ郊外にあるスーパーマーケットに入り、買物をしている様子の若い夫婦を見守っていた。夫婦は、特別の乳製品が陳列されているテーブルのところで立ち止まっていたが、夫はデモンストレーターである二人の婦人に、自分たちはミルクアレルギーの子供をもっているといい、新聞で宣伝されているミルク代用品のことについて尋ねた。デモンストレーターの一人は、彼に説明書を手渡した。この二人のデモンストレーター（二人とも学校教師であった）は、彼らの動作の一部始終が、先の連邦官吏によって監視されていることは知るよしもなかった。彼らはまた、マーケットの外で五人の官吏が自動車の無線受信装置のまわりに集まって、自分たちの会話を聴取し、そして将来の利用に備えて会話を録音機で録音していることはもちろん想像さえできなかった。さらにまた二人は、ミルクアレルギーの子供を心配している若い夫婦も、じつは連邦政府の役人であることを知るよしもなかった。この盗聴器をもった調査団は、食糧薬品局のカンザスシティ事務所によって派遣された一団であった。二人の教師は、蛋白質不足のミルク代用品販売容疑の会社をたまたまパートタイム先に選んだためこの御難にあったのであった。

これは、エドワード・V・ロング上院議員著『侵入者達——政府・産業組織によるプライバシーの侵害』(Edward V. Long, The Intruders: The Invasion of Privacy by Government and Industry, New York, 1967 (2nd Printing)) の最初に紹介されている事件である。この本は、政府や産業組織による電話盗聴 (wiretapping) や電子装置による盗聴 (electronic eavesdropping) 活動について広範な調査を行ったアメリカ上院の一小委員会の議長として活躍した経験に基づいて書かれたものである。ロング上院議員は、この二人の教師の体験は、今日のアメリカでは決してユニークなものではないと警告しているが、議会の委員会における各種証人の証言記録や研究書あるいは新聞雑誌をみると、アメリカ社会における公的・私的な盗聴活動の程が十分うかがわれる。それは諜報活動にかぎられない。FBIがキング牧師が暗殺されるまで、数年にわたって彼の電話を盗聴していたという噂は、昨年の六月四日、前のヘビー級チャンピオンであるクレーの兵役拒否にかかる裁判で確証された。資料はちょっと古いが、ある本によると、アメリカで盗聴器を製造している会社は少なくとも三〇あり、これらの会社のひとつ Solar Research, Inc. は、一九六二年一年間で、盗聴器の販売は四倍に増加したと述べている。これらの会社のあるものは政府機関にのみ販売しているが、相当数の盗聴器が民間にも売られているという(Vance Packard, The Naked Society, New York, 1964)。

先に私は、産業革命・都市化現象の当初は、均衡のとれていた自由の「独立」「プライバシー」「力」「機会」のそれぞれの面が、産業革命・都市化がいっそう進んだ一九世紀末頃より崩れ出し、「力」や「機会」が奪われつつあると同時に他方では「プライバシー」が侵害されつつあったと述べた。たしかに当初は、人々の住居の移動性が高まり、また読み書き能力が拡大するに伴い、人々の関心領域が拡がることによって、変化に乏しく相互監視的な小さな農村社会にはみられなかったプライバシーの拡充がもたらされた。またいわゆる「夜警国家」観によって、政府は国民の生活に深入りしようとしなかったし、またする必要もなかった。この意味で、この時代は、ある著者のいうように、「プライバシーの黄金時代」といえるかもしれない。

このようないわばプライバシーにとって、理想的な状態を破ったものは、第一に、通俗的煽情主義的な新聞雑誌の登場である。このような新聞雑誌を生み出した背後には、読み書き能力を身につけた人々が、政治経済体制の仕組みやそれを動かす支配階級について知ろうとする、民主主義にとってはむしろ歓迎すべき動機もあったことは否定できないが、商業主義の法則にしたがっていたずらに暴露的な興味本位のものに次第に変わっていった。活字による広範囲にわたる頒布が、被害者たる個人のプライバシーに及ぼす影響は甚大である。第二は、秘密警察の登場である。一九世紀末におけるアナーキストなどによる運動や労使の激しい対立抗争は、国による治安活動を促し、また社会自身の中に情報収集を業とする組織を生み出した。とくにアメリカでは、後者の情報組織や産業警察組織の活動が活発であった。第三に、このころになると伝統的な「夜警国家」の維持が難しくなり、政府は好むと好まざるとにかかわらず、国民の生活により深く介入せざるをえなくなった。そのためには当然、国民についてのより多くの情報が必要とされる。第四に、電話盗聴技術や心理学の発達である。盗聴技術は政府や企業がさまざまな情報を集めるために、また、心理学的技術は大規模化した企業が個人的なつながりを失った従業員を管理するために有効な手段として用いられだした。

この傾向は、第二次世界大戦を通じて、戦後いっそう促進された。第一に、戦中および戦後の冷戦体制は、政府機関、ことに重要な国家機密に関係する機関をしてきわめてきびしい忠誠審査を行わしめたことである。また、多くの産業施設（六、七年前のある調査によると約二万四千といわれる）が秘密保持に関するペンタゴンの規制下に置かれ、そしてこれらの企業は企業で、ペンタゴンの信頼をつなぎとめ企業機密を守るため、従業員の採用や管理に関して、きびしい安全審査の手段を講ずるようになった。このような忠誠審査・安全審査で活用されたのは、大戦中飛躍的に進歩したといわれる心理学的技術である。その主なものは、ポリグラフやパーソナリティ・テストであるが、単に仕事に対する適性だけでなく、人の思想・感情・友人関係・性関係なども調査の対象とされるようになった。

第二に、政府の「事実に対する飢え」(factual hunger) のはげしさである。かつての「夜警国家」「消極国家」から「福祉国家」「積極国家」への移行は政策の計画化を意味し、計画化はそれを裏づける情報を必要とする。情報収集処理能力はコンピューターによって著しく高められたが、情報利用のいっそうの効率化・能率的な統治への欲求がついにナショナル・データ・センターの構想・提案となって具体化した。これは、従来各連邦機関がそれぞれ自己の必要に応じて情報を収集処理していたのを、一か所に集中して情報利用の効率化をはかろうとするものである。この提案については、主として個人のプライバシーに及ぼす影響の観点から、議会の委員会の聴聞会や民間で賛否両論が戦わされたが、この提案の支持者さえ、プライバシーのかなり重大な侵害の危険を認めていることは注目される。

最後に、先に挙げたような活発な盗聴活動である。一九二八年、連邦最高裁判所は、電話盗聴は住居侵入 (trespass) を伴わないからという理由で、憲法の禁ずる不当な捜索押収にあたらないとした (Olmstead v. United States, 277 U. S. 438) が、一九三四年の連邦通信法六〇五条は、何人であれ、送信者の同意なしで、通信を傍受し漏洩する (intercept and divulge) ことを禁じ、違反者は処罰すると規定した。本法は連邦や州の官吏にも適用ありとする最高裁判所の判決をみて、司法省は、一九四〇年、電話盗聴は一切行わないという方針を明らかにした。が、間もなくルーズヴェルト大統領の指示により、国家の安全にかかわる場合には、司法長官の許可に基づく電話盗聴が再開された。これは、六〇五条が禁ずるのは「傍受し且つ漏洩する」ことであって、漏洩を伴わない傍受そのものは禁じられていないという名解釈（？）に立っていた。違法に取得された証拠の州裁判所における証拠能力については、当時の連邦最高裁判所の判例によれば、州の自由に決めうるところとされていたから、州によっては本法を無視して電話盗聴を行い、その盗聴証拠に基づいて裁判した。そして、脛に傷もつ連邦当局は、かかる州官吏を本法違反で訴追しようとはしなかった。さらに、電話盗聴でない盗聴（電子装置による盗聴）については、まったく野放しといってよかった。一九四二年の判決で、⑴連邦通信法六〇五条は電話や電信の傍受の場合にのみ適用があること、⑵電子装置による盗聴は不法侵害（trespass）を伴わない、という理由で最高裁判所は電子装置による盗聴の合法性・合憲性を認めた（Goldman v. United States, 316 U.S. 129）。

このようなわけで、政府当局は、かなり自由に盗聴を行いえたわけである。また盗聴器の製造販売を規制する有効な法律もなく、前述のように、民間でもかなり用いられてきた。そして、盗聴器も日増しに精巧さを加え、また小型化した。他人の着物や身のまわり品に、気づかれないように超小型のマイクロフォン・無線送信器・電池をとりつけ、会話を聴取することさえ可能といわれる。

この問題は、わが国でもけっして無縁の問題ではない。かつて、団体等規正令違反容疑でその行方を追及されていた共産党八幹部の捜査に際して、警察が盗聴器を使用したというので、署長と警備係長とが公務員職権濫用罪で告発された事件があった。警察は、八幹部の行方をつきとめるため、ある共産党員が間借居住している部屋の外側近くにマイクロフォンをおき、これを階下の押入内の増幅器にコードでつなぎ、この共産党員と訪問者との間の会話を聴取していた。ところが、この共産党員らの気づくところとなり、盗聴器を外して持ち去ったため、警察は窃盗罪で彼らを逮捕した。他方、この共産党員が会員であるある団体の新潟支部の代表者は、この盗聴器とりつけの責任者である署長および警備係長を職権濫用罪で告発した。新潟地方検察庁は両事件とも不起訴処分にしたが、告発者はこれを不服として新潟地方裁判所に審判に付すよう請求し、同裁判所が請求を棄却したので、さらに東京高等裁判所に即時抗告した。これに対して、高等裁判所は、警察の捜査行為は合法的であるとし、たとえ共産党員らの「基本権等の行使等に軽度の悪影響が与えられたにしても」、この程度のものは「公共の福祉」のために受忍すべきものとした（東京高裁昭二八年七月一七日決定判例時報九号三頁）。

その後もときどき、盗聴器が発見されたという記事が新聞に載った。また昨年、ＮＨＫテレビは、アメリカから精巧な盗聴のための器具が輸入され、民間に売られていることを報じた。アメリカの場合は、議会の委員会の調査とその調査結果の公表を通じて、盗聴の実態に関するある程度のことは知ることができるが、わが国の場合は、こういう種の問題については一般に議会の調査活動はあまり活発でなく、実態がつかみにくいためかえって危惧を感じさせるものがある。

ジョージ・オーウェルの小説『一九八四年』は、個人の発するあらゆる音が傍受され、あらゆる動きが映しとられる事態の到来を薄気味悪く語っているが、ハーバード・ロー・スクールのソーン教授が、テクノロジーが個人のプライバシーにおよぼす問題は単に「科学的フィクションではない、今ここにある問題だ」と述べている（The New York Times, December 9, 1968）のは問題の重要性と緊急性を物語っていよう。

いずれにせよ、以上みてきたことは、われわれが、プライバシーが人間にとって何であるかを再認識し、その侵害の現実ないし可能性に対して、いまのうちから適切な対策を講じておかねばならないことを示唆していることはたしかである。

自己についての情報をコントロールする権利

一八九〇年、ある法律雑誌に、ウォーレンとブランダイスの連名の「プライバシーの権利」という論文が載せられた。前述のように、一九世紀末プライバシーが問題化しはじめていたが、ウォーレン家についての覗き見的な新聞記事がきっかけとなって書かれたといわれるこの論文は、このような時代の動きを鋭敏にとらえ、「プライバシーの権利」という独自の権利を提唱し、これによって一定の私的生活領域を保護すべきことを説いたのであった。この論文が導火線となって、その後のアメリカのプライバシー法の発展をみることになる。わが国では、プライバシーの権利という言葉は、有名な「宴のあと」事件がきっかけとなって急に馴染み深いものとなった。

ただ、従来この権利は、主として私法上の観点からとりあげられ、公法上の観点からはそれほどではなかったように思われる。先に言及した盗聴に関する事件（Olmstead 事件や Goldman 事件など）で、被告人はプライバシーの保障の観点から盗聴の違憲性を主張したのに対して、連邦最高裁判所がいずれも「不法侵害」がないからという理由でこの主張を斥けたのは、この辺の事情を説明している。しかし、この最高裁判所の態度に対しては次第に批判が強まり、プライバシーは憲法上保護されるべきだという声が大きくなってきた。そしてついに一九六五年、最高裁判所は、グリスウォルド対コネティカット州事件で、プライバシーの権利が憲法によって保障されるひとつの独自の権利であることを正式に認めるに至った（Griswold v. Connecticut, 381 U. S. 479）。コネティカット州は避妊具の使用を禁じていた。被告人は、夫婦に避妊の方法について助言・指導を与えたかどで起訴され、有罪とされた。これに対して、最高裁判所は、かかる避妊具の使用を禁ずる法律は夫婦のプライバシーの権利を侵し、違憲であるとしたのである。この判決が突破口になって、一九六七年暮、最高裁判所はついに従来の盗聴に関する「不法侵害」論をきっぱりと棄て去るに至った。憲法が不当な捜査押収からの自由を保障している主たるねらいは、財産権や場所を保護することではなくて、プライバシーを保護することにある、といまや断言した（Katz v. United States, 389 U. S. 347）。

しかし、ひるがえって、これまで何気なしに使ってきた「プライバシーの権利」は、一体いかなる本質・内容をもつ権利なのであろうか。また、この権利はわれわれの生活にとっていかなる意味をもっているのだろうか。このことを確認しておくことは、今日われわれが直面している問題を考える場合に重要であろう。

プライバシーあるいはプライバシーの権利という言葉は、じつにさまざまなコンテクストで用いられている。そのため、その本質・内容はなかなかつかみにくいが、ビーニーによれば（William M. Beaney, "The Right to Privacy and American Law," 31 Law and Contemporary Problems, Spring, 1966）、この権利は次のように定義づけられる。プライバシーの権利とは、個人（団体）が、他人（個人、団体、政府）によって、(a)自己の諸々の思い《アイデア》、書き物、氏名、肖像その他自己のアイデンティティを明らかにするものを取得されまたは利用されうる、(b)自己または自己が個人的に責任を負う者に関する情報を取得されまたは明かされうる、または(c)物理的またはより巧妙な方法で自己の生活空間および自己の選ぶ活動領域に侵入されうる、その程度を決定できる法的に承認された自由または力である。

もしわれわれが「情報」の意味を広く解して、(a)と(c)の場合も自己についての情報にかかわる場合と解すれば、プライバシーの権利は、「自己についての情報をコントロールする権利」といい換えることができよう（Charles Fried "Privacy", 77 Yale Law Journal, Jan. 1968, もこのように定義づける）。

もしこのように解すれば、プライバシーの権利は、かなり積極的な意味合いをもってくることになる。先に挙げたウォーレン＝ブランダイス論文が、この権利を「ひとりで放っておいてもらう権利」と特徴づけて以来、これが踏襲されてきたために、この権利はこれまで一般にきわめて消極的否定的な響きをもってきた。それは、現実世界からの撤退・隠遁をにおわせるからである。しかし、プライバシーの権利は単にこのようなものではない。人との交わりも人間にとって等しく重要である。むしろ、この権利は、今日のような複雑かつ相互依存的な社会にあって、個人が各々自己に関する情報をコントロールする自由を確保することによって、もって現代社会に見合った人間の行動についての合理的なルールを確立しようとする努力から生まれ、そのように形成されてきた点に注意すべきである。

ところで、このようなプライバシーの権利が保障されなければならないのは、それが何か他の利益または価値を保障するために必要な一手段だというのではなく、フリードのいうように（前掲論文）、プライバシーが人間のもっとも基本的な生活関係である愛・友情・信頼関係になくてはならない必須の条件だからである。つまり、プライバシーがなければ、そもそもこのような人間の基本的な関係は考えることができないからである。

先に私は、個人主義の内面化と社会の規範化への努力の必要性を指摘した。これを別の言葉でいえば、人各々がその人たるの地位によって等しく享受すべき基本的な権利を有すること、かかる基本的な権利はお互いに尊重し合わなければならないこと、このような基本的権利を制約することが許されるのは他者に同一の権利を保障するためのみであること、という原理をわれわれが社会の基本的な道徳原理として承認することである。そしてじつは、この道徳原理こそ、基本的な人間関係たる尊敬・愛・友情・信頼関係成立の前提条件になっている。たとえば、信頼関係、人を信頼するということは、彼が自己に対してこの道徳原理にしたがって行動し、自己の人格を尊重するであろうと期待することである。この関係は相互的なものであって、この道徳原理を受け入れない者に対しては、信頼関係の生ずる機会はない。我は彼を信頼できないし、彼もまた我を信頼できない。なぜなら、彼に対する我の態度は、協同的な寛容さではなく、防禦的警戒的な監視の態度であるからである。もちろん信頼には裏切られる可能性はある。にもかかわらずお互いに相手が道徳の原理にしたがって行動するであろうと期待し、監視しようとしないところに信頼関係が発生する。愛や友情の関係はそれぞれニュアンスを異にするが、いずれもその基本構造は、この信頼関係のそれと同一である。したがって、なんらかの方法でわれわれのプライバシーが奪われるならば、このような基本的な人間関係の成立存続の基盤は傷つけられ破壊されることになる。この意味で、プライバシーはわれわれが人間《ヒューマン》であるための「なくてはならない環境《コンテクスト》である」（Fried 前掲論文）といえる。

以上から、プライバシーの権利は、人間が人間であるための基本的な事柄にかかわるものであることが理解されよう。この人間が人間たるための基本的な事柄を「人間の尊厳」とか「個人の尊厳」という言葉でいい換えるならば、プライバシーの権利が保護しようとするものは「人間の尊厳」「個人の尊厳」だということになる。このようにプライバシーの権利は人格の生存に不可欠の権利であるという意味で、「人格権」あるいは「人格権」の重要な構成要素といってもよい。アメリカで「人格権」という言葉があまり用いられないのは、「人格《パーソナリティ》」の概念が高度に発達した心理学によって科学的に分解されてしまったために、価値を表わす言葉として用いられにくいという事情によるのかもしれない。いずれの名称で呼ぶにせよ、保護される価値は同一であって、それは「人間の尊厳」である。

プライバシーのための保護立法を

このようなプライバシーの権利の重要性からみれば、わが国の憲法の立場からも無関心でありえないのは当然であろう。そのさいまず注目されるのは、憲法一三条の規定である。「すべて国民は、個人として尊重される。生命、自由及び幸福追求に対する国民の権利については、公共の福祉に反しない限り、立法その他の国政の上で、最大の尊重を必要とする。」

従来この規定は、具体的な権利を保障する規定とは一般にはみなされていなかったように思われる。個人尊重という憲法の一般的原理を宣言する規定とみる見解や、あるいは一四条以下に保障されている、個別的基本権全体に関する一般通則を定めた規定であるとみる見解などが有力であったように思われる。しかし、最近、一三条が具体的な権利を保障するとみる見解が有力になりつつある。つまり、本条後段の「生命、自由及び幸福追求に対する国民の権利」は、本条前段の個人の尊重原理の宣言を受けて、個人の人格的生存に必要な権利を総括的に保障しているものとみるのである。そして、一四条以下で保障される個別的基本権によってカバーされえないもので、等しく人格的生存に欠くことのできない権利が、本条によって補充的に保障されることになる。

昨年（一九六九年）一二月二四日、最高裁判所は、いわゆる肖像権の問題に関して、次のように判決するに至った。憲法一三条の規定は、「国民の私生活上の自由が、警察権等の国家権力の行使に対しても保護されるべきことを規定しているものということができる。そして、個人の私生活上の自由の一つとして、何人も、その承諾なしに、みだりにその容ぼう・姿態……を撮影されない自由を有するものというべきである」（判例時報五七七号一八頁）。

憲法の解釈論としては種々の問題がありうるが、最高裁判所が、個人の「私生活上の自由」、つまりプライバシーの権利が、憲法によって保障される権利だとはっきり認めたことは、既述のごときこの権利の重要性にかんがみ、大いに歓迎すべきものである。そしてこの立場からすれば、前に紹介した盗聴に関する東京高等裁判所の決定、すなわち住居侵入がないから、盗聴は強制処分ではなく合法的であり、たとえ基本権に軽度の悪影響があっても受忍すべきものであるという論理は、もはや妥当しないことになろう。アメリカの連邦最高裁判所が「不法侵害」論をはっきり放棄したことについては、すでに指摘した。この判決が、これまであまり重大視されなかったプライバシーにまつわる、いろいろな問題の再検討のきっかけになることが期待される。もとよりプライバシーの権利は絶対的なものではなく、一定の公共の利益のために制限されることがあるのは当然である。しかしその制限にあたっては、この権利の重要性にかんがみ、できうるかぎり慎重でなければならないことはいうまでもない。

個別的訴訟を通じてのプライバシーの保護には自ら一定の限界がある。したがって、積極的な立法によってプライバシーの保護措置をとることが望ましい。それは多方面の問題にわたりうるが、さしあたりもっとも必要なのは、盗聴活動に対処する立法であろう。イギリスでも立法化の動きがあるようであるが（The Observer, November 16, 1969）、アメリカではすでに一九六八年六月盗聴に関する詳細な法律が制定されている。

この法律をくわしく紹介する余裕はないが、その骨子だけ述べておきたい。(1)私人による盗聴は、ごく例外的な場合を除いて、一切禁止し、違反者は処罰する。(2)盗聴器の製造・配布・所持・広告は禁止し、違反者は処罰する。(3)国家による盗聴については、国家の安全にかかわる場合を除いて、一定の要件の下で発せられる裁判所の許可状に基づかなければならない。ただし、会話の当事者が同意したときは、許可状なしで盗聴できる。この許可状の申請は、一定の犯罪類型に限られる。(4)許可状は、三〇日を超えることができない。しかし許可状の延長は可能である。その場合も三〇日を超ええない。(5)本法に違反して得られた盗聴証拠は、裁判所で証拠として使用できない。しかし、この法律に対しては種々の問題があることも事実である。第一に、国家の安全にかかわる場合には令状主義の例外とされるが、国家の安全の概念は漠然としており、恣意的な盗聴の危険があること。第二に、盗聴が許される犯罪の種類は限定されているが、その範囲は広く限定の意味はあまりないこと。第三に、許可状は最長一か月の長きにわたること（しかも延長が可能である)。第四に、会話当事者が同意した場合には、無条件に令状主義の例外としていること。本法に対しては、ロング上院議員をはじめとする強硬な反対意見があったことをつけ加えておこう。

盗聴の最大の難点は、それが無差別的であり、通常の捜索押収の場合のように聴取さるべき会話を特定化することが事実上不可能に近いことである。この理由から、盗聴は一切認めるべきではないという意見がわが国にもアメリカにもある。しかし、アメリカの議会の委員会における警察官などの証言記録は、盗聴を禁止している州でもその実効性はあまりないことを示している。秘密に行われる盗聴には、ほとんど手の打ちようがない。そこで、一定の要件の下で発せられる裁判所の許可状に基づく盗聴を認めるという考え方が、次善の策としてでてきたわけである。

右のアメリカの例でも理解されるように、具体的な立法となると技術的にたしかに難しい問題がある。しかし、私人による盗聴活動や盗聴器の製造・販売・広告などは禁止する必要があるのはいうまでもないし、国家による盗聴活動についても、プライバシーの権利制約の効果が最小限になるような明確な基準と方法の下で、これを規制する現実の必要性があることは明らかである。わが国における盗聴活動の実情を調査し、外国の法律や経験などを参考に、早急にプライバシー保護のため立法措置を講ずることが望ましい。

結び＝「人格」の復権を

ハンナ・アレントによると、「人格」を意味するラテン語のペルソナ（Persona）は、古代の役者たちが舞台で着用した「仮面」を指すものであったという（ハンナ・アレント〔志水速雄訳〕『革命について』〔合同出版、一九六八年〕）。そして、この「仮面」は二重の機能をもっていたという。一つは役者自身の素顔を隠すため、一つはこの仮面を通じて声を響かせ、演劇の進行に参加するため。つまり、役者たちは素顔を隠すこの仮面によって自由の空間を得、そのような存在として劇に参加したのである。このペルソナが法律用語に移されたのは、この二重の意味であった。そして、アレントは、フランス革命があのような悲惨な事態に陥ったのは、革命の人々がこのペルソナの概念をもたなかったためであることを巧みに分析している。

このアレントの指摘は、人間の自由のデリケートさとその秘奥を鋭くついてはいないであろうか。人の心は、社会の光から保護されなければならない。プライバシーのところでみたのは、まさにこの問題であった。最近、参加民主主義や直接民主主義の声が高い。「〇〇からの自由」に代わって、「〇〇への自由」を力説する論調が目立つように思える。積極的自由を強調すること、そのこと自体には異論はない。理念がその実現に通じるパイプがつまりがちなとき、積極的な参加という形で打破をはかることはもとより当然であり、必要なことである。仮面の一つの機能は、たしかに参加にある。

しかし、われわれが舞台の絢爛さの動きに気をとられすぎると、仮面が役者に自由な息づきの空間を与えているというもう一つの重要な機能を忘れがちになる。仮面によってのびのびと演技できる自由な空間を得て、はじめて積極的に舞台に参加できるという事実を忘れがちになる。

デュヴェルジェが「参加としての自由」「成長開花としての自由」の意義を認めつつも、従来格下げされていた「抵抗としての自由」の意義が増大するかもしれないと示唆している（M・デュヴェルジェ〔横田地弘訳〕『政治学入門』〔みすず書房、一九六七年〕）のは意味深いことである。われわれは、自由の「力」や「機会」を増大させるため、政治や社会への参加と並んで豊かさを追求してきた。そして技術の進歩や「福祉国家」の理念は、各人の自由のより豊かな成長開花を可能にするかもしれないし、またしつつあるかのようにみえる。だがわれわれは、目的が正当であれば、それから派生するすべての問題に対して、寛容になりがちな人間本来の傾向を十分認識しておく必要がある。アメリカの「夜　襲《ミッドナイト・レイド》」や「寝室検証《ベッド・チェック》」（家計を支えるもしくは支えるべき「男」が家にいないかどうかを確かめるため、生活保護家庭に「夜襲」をかける）の経験は、極端な例には違いない。しかし、「福祉国家」が恣意的に運営された場合の恐るべき結果を示す警告となろう。前述の電話盗聴の合憲性を支持したオルムステッド事件で、反対意見を書いたブランダイス判事は、次のように述べた。「政府の目的が慈悲深いものであるときこそ、われわれは自由を守るために最も警戒を要するものであることを経験から知るべきである」、と。彼は、犯罪から社会を防衛するという正当な目的のために、電話盗聴までが一般的に正当化されるのを極度に恐れたのだ。「自由は抵抗である」とはバンジャマン・コンスタンの言葉であるが、われわれの生活の細部にまで関係する巨大な国家を前にして、個人のプライバシーや精神的独立を守るために、このコンスタンの言葉のもつ意味をもう一度味わう必要があろう。

　これと同じことは、社会（集団）との関係についてもいえよう。既述のように、社会集団は、国家権力に対する拮抗力として、個人の自由の保護のため重要な機能を果たしている。ナチの暴虐を前にして、レーデラーが、「来るべき闘争は民主主義のためのたたかいではなく、もっと具体的なもの、すなわち、社会と私的生活の存立のためのたたかいを意味することになるだろう」（レーデラー（青井和夫＝岩城完之訳）『大衆の国家』（創元新社、一九六六年、三版）。傍点は筆者）と述べたのは、まさにこのことであった。しかし、われわれは、社会集団のもつ意義を強調するあまり、集団がその経済的・政治的あるいは倫理的実力をバックに不当に自己を個人におしつけようとする傾向を軽視すべきではない。集団も、国家と同じように、個人の自由の守護者としての「慈悲深い」顔と個人に対する支配力を渇望するモンスターの顔とをあわせもつヤヌス神なのだ。われわれが集団に逆らわないかぎり、集団はわれわれに「慈悲深い」顔を示してくれる。しかし、一度抵抗すれば、突然モンスターの顔に変ずるだろう。集団はたしかに「刑罰」によって個人に強制することはできない。しかし、個人を集団にしたがわせるために「刑罰」はそれほど重要ではない。「明白な圧制に対して戦うことは容易である。だが恩恵的なものに対して戦うことは容易ではない」（W・H・ホワイト〔辻村明＝佐田一彦訳〕『組織のなかの人間　下』〔創元新社、一九六九年、一七版〕）。集団は、また、場合によっては、様々な方法手段で個人を社会的に葬ることができよう。そして、ミルが恐れたように、社会集団は、国家よりもさらに深く個人の生活に浸透しうる能力をもっているだけに、国家に相対するよりもいっそう厄介であるかもしれないのだ。レーデラーは、先の文章で、意味深くも、「社会と私的生活の存立のためのたたかい」（傍点は筆者）と書き、単に「社会の存立のため」とはいわなかった。われわれは、国家に対するはもとより社会に対しても、私的生活の存立のためにたたかわなければならない。社会に対しても、「抵抗としての自由」を主張しなければならない。

先のペルソナの言葉が示唆するように、人間が自由な存在であるためには、デリケートな心の独立・人格の秘殿を保護する工夫をこらさねばならない。社会の集団化は避けられない歴史の流れであったとはいえ、真に創造的で責任を担える者、それはやはり精神的独立・人格の自律的展開を保障された個人である。何人によるものにせよ、「仮面《ペルソナ》」を引き剝がされ、思想感情の領域がほしいままに踏みにじられ、守るべき素顔、守るべき思想感情を失った個人は、「人間の尊厳」

の感覚を失い、個性を失い、ただ操られるだけの原子《アトム》に堕する外はない。本稿でみたように、現代社会は、この仮面《ペルソナ》を引き剝がさんとする諸力に満ちている。わが国では、「プライバシー」という言葉は、いわゆる「私事」と結びつけて受けとられ、その価値を一段低くみる傾向があったことは否定できない。しかし、今日の社会は、そのような「謙譲の美徳」が妥当しうる社会ではない。われわれは、プライバシー――仮面《ペルソナ》――が人間存在にかかわる重大な意義を確認し、それを守り育てる努力をしなければならない。そして、この仮面《ペルソナ》の尊重は、国家に対するだけでなく、社会に対しても等しく主張されねばならない。国家権力の専断や「社会的専制」から「個人の尊厳」を守る究極のものは、個人主義の中心思想――個人はいかなるものに対しても「手段」とみなされてはならず、常に「目的」とみなされなければならないこと――の内面化とそれを社会の規範にまで高める努力であるという外はない。われわれは自由の「成果」を熱心に追求するあまり、いささかたりとも消極的自由のもつ意義を軽視するようなことがあってはならない。自由の消極的な側面――「独立」と「プライバシー」――こそ自由の隠れた「根」である。「根」を地上にとりだし、いじりまわせば、樹木は枯れてしまう。豊かな花は、眼にみえないたくましい根の上にこそ開きうるものであることを改めて確認しておきたいと思う。

（一九七〇年、中央公論八五巻四号）

Ⅲ（インタビュー）憲法一三条と人格的自律権の展望

（聞き手　土井真一）

土井：「憲法研究」の本号の特集テーマは「『個人の尊重』の現在」です。そこで本日は「憲法一三条と人格的自律権の展望」と題しまして、憲法一三条に関する研究の泰斗である佐藤幸治先生にインタビューをさせていただきたいと思います。

一　佐藤憲法学の原点

土井：まず、本論に入る前に佐藤憲法学の原点について伺いたいと思います。佐藤先生のご研究は、プライバシー権、表現の自由および適正手続の保障などの人権論や、司法権の概念、違憲審査基準および憲法判断の方法などの司法権・憲法訴訟論を中心に、立憲主義、国民主権そして行政権のあり方などに及ぶ幅広いものでございます。その中でも、人格的自律の考え方を中核とする人権に関する基礎理論的な研究は、佐藤憲法学の神髄であると思われます。

そこでまず、なぜ佐藤先生が人権の基礎理論に関心をもって研究をされることになったのか、先生の思いや時代背景などを交えてお話いただけますでしょうか。

佐藤：今回もいろいろご配慮いただいていてありがとうございます。

(1) 青春時代からの個人的な思い

佐藤：研究生活に入った頃、人間はそれぞれの境遇にあってその生を己の責任で築いていかなければならない、いわば〝人間はそれぞれの生の作者である〟ことを運命づけられている、といった素朴で漠としつつも強い思いを抱いていました。青春時代に強かった実存主義の影響も多分にあったと思います。同時に、人間は決して一人では生きていけない、不足していることがあまりにも多く、社会の〝分業〟は不可避であり、他者の「幸福」も考えた他者との共生・協働が決定的に重要であるという意識も強くありました。このような二つの事柄はどのようにすれば調和のとれたかたちで実現可能なのか、こうしたことが私を憲法学へと向かわせた原動力だったのかもしれないと今にして思います。

卒業は昭和三六（一九六一）年で、迷った末民間企業に就職したのですが、結局、翌年六月に助手として京大に戻ることになりました。その頃は、六〇年安保の余波や憲法調査会の活動（一九五七年発足、六四年に最終報告を内閣に提出）などに象徴される〝政治の季節〟で、当然憲法学も政治・統治構造のあり方に関心を集中させる傾向が強かったように思います。私も当然そういう関心を共有していましたが、青春期の読書や経験などを通じて培われた先に述べたような思いから、人間そのもの、日本国憲法が措定する人間像とはどのようなものなのかといった、素朴かつ根源的な事柄にこだわりを抱いていました。こんなことを、後に、日本憲法史にも精通した法哲学の長尾龍一さんとの対談（一九八八年）で申しましたら、戦後日本憲法学にあって「佐藤さんの志望動機は落ち着いているとともに、屈曲しているような気がします」といわれたものです。

(2) 研究生活をはじめた頃の憲法学、特に人権論

佐藤：日本国憲法は、いうまでもなく、第二次世界大戦後復活した人権観念を基盤とするものです。人権観念は一八世紀末の米仏で表出したものですが、一九世紀に入ると法実証主義的精神の下に急速に歴史の舞台から消えてしまいます。が、一九四五年六月のサンフランシスコ会議で採択された国連憲章の冒頭に「基本的人権と人間の尊厳及び価値……」がうたわれ、日独伊の新憲法はこの人権観念を受け入れ、人間の自由・尊厳に基礎をおく新しい国造りに乗り出します。そしてその人権の実効的実現を図るべく、特殊アメリカ的制度として敬遠ないし忌避されていた違憲審査制を採用しました。その背景には、一九世紀末から二〇世紀前半にかけて人類が直面した格差（差別）・貧困の問題、全体主義の暴虐性、科学技術の凝集物である二つの世界大戦（総力戦）があったことはいうまでもありません。

私は研究生活に入って、まず違憲審査制に関心をもち、いわゆる助手論文として「司法審査とデモクラシー」（一九六二〜六四年）を書きましたが、違憲審査制を通じて主として守ろうとする「人権」とは何かを自分なりに徹底して考えなければならないという強い思いを抱くようになっ

ていきました。

一九七〇年にプライバシーの権利論を書き、以後人権論に本格的に取り組むことになります。その際、いわば大きな見取図としてよく参照したのが宮沢俊義先生の『憲法Ⅱ』でした。同書は、一九七一年には〔新版〕が出ますが、人権全般にわたる凝集した体系的論述の書で、実に豊かな示唆に富みかつ多くの問いかけを誘う貴重な書にて、今も手許においています。

同書の出発点は、次のステートメントにあるように受け止めました。「今日多くの国では、人権を承認する根拠として、もはや特に神や、自然法をもち出す必要はなく、『人間性』とか、『人間の尊厳』とかによってそれを根拠づけることでじゅうぶんだと考えている」。そして、日本国憲法にいう「基本的人権の概念」は、「人間性から論理必然的に派生する前国家的・前憲法的な性格を有する権利である」とされるものでした。

また、「人権の概念」と題する節において、イエリネックの「国家における国民の地位」論、その論に「重要な修正を加え」たとされるケルゼンの「国民の国法に対する関係」論に依拠しつつ、次のように説かれます。「国民の国法に対する関係」には、①受動的な関係（義務）、②無関係な関係（自由）、③消極的な受益関係（自由権）、④積極的な受益関係（社会権）、⑤能動的な関係（積極的公権〔受益請求権〕および参政権）がある。そして、「自由権・社会権・積極的公権および参政権のいずれも」、「人間の尊重の要請」に基づく点において共通し、「『人間性』から論理必然的に生ずる」もので、「そこで保障された利益の享受者としての『人間』の主体的立場から見て、これをを『人間の権利』または単に『人権』（ないし『基本的人権』）と呼ぶのである」（傍点筆者）、と。

先に多くの問いかけを誘うといいましたが、例えば、まず、イエリネックとケルゼンとをそのように連続的に結合し、それに依拠した「国法に対する関係」に、「前国家的・前憲法的な性格を有する権利」をどのような根拠と道筋を辿って取り込めるのか、釈然としないものが残り続けました（それが必ずしも的外れなものでなかったことは、後に、ケルゼンに精通する新正幸さんの細密な研究に教えられることになります）。また、「今日多くの国では、……『人間性』とか、『人間の尊厳』とかによってそれを根拠づけることでじゅうぶんだと考えている」とされるが、果たしてそうなのか、そもそも人権が論理必然的に生ずるとされる「人間性」「人間の尊厳」とは何か、さらに、この「人権の概念」は、日本国憲法第三章の各種規定の理解にどのような関係・意義をもつのか、等々の疑問が生じ、中でも同書が、日本国憲法一一条ないし一三条および九七条について、「人権宣言の一般原理」を定めたものと位置づけている点に何か漠としつつも強い疑念のようなものを抱きました。

こうした思いの中で、佐々木惣一先生の『改訂日本国憲法論』（よく利用してきたのは、一九五八年の〔三版〕）が一三条をもって「存在権」を定めたものとしているのが、むしろ事の本質により端的に迫ろうとしているのではないかと考えるようになっていきました。そんなところが、基礎理論に関心を深めていく出発点だったように思います。

二　憲法一三条の解釈論への結実

土井：今、お話しいただいたような背景から、佐藤先生は人権の基礎理論的な研究を憲法一三条の解釈論に結実されていかれることになります。私自身は先生が人格的自律の考え方を本格的に展開され始めた頃に憲法学者としての道を歩み始めることになりました。その最初の論文で、憲法制定過程等における人権保障の基本的な考え方をめぐる議論を検討させていただきました。

その結果、憲法制定当時は憲法一一条の「すべての基本的人権」および「この憲法が国民に保障する基本的人権」の文言などをめぐって憲法が保障する基本的人権の法的性質、あるいは人権の補充的保障の可能性など、非常に簡潔ですが理論的には深い議論が行われていたことを紹介しました。今でも憲法一一条は、すべての国民がすべての基本的人権を享有することを保障する基本原理規定であって、人権の基礎理論の観点から重要な意義を有していると思っています。このように人権規定の中で重要な意義を有すると考えられる憲法の条文がいくつかある中で、なぜ憲法一三条に着目され同条が日本国憲法の中核となる条項であると考えられるに至ったのでしょうか。憲法の権利章典の構造あるいは一三条の体系的地位に関する先生のご理解を伺えればと思います。

(1) 一三条の重みの自覚へと誘ったもの

佐藤：まことにごもっともなご質問です。事の順序からいえば、まず、「国民は、すべての基本的人権の享有を妨げられない。この憲法が国民に保障する基本的人権は、侵すことのできない永久の権利として、現在及び将来の国民に与へられる」と定める一一条が何を意味するかを明らかにすることからスタートすべきでした。一一条は、「基本的人権」なるものが既に実体をもったものとして存在していることを措定し、それには「人類の多年にわたる自由獲得の努力の成果」という人権の展開の歴史にかかわる九七条も関係しています。また、一一条は、「すべての基本的人権」と「この憲法が国民に保障する基本的人権」との関係いかんという問題も潜在させています。こうした問題に土井さんが着眼され、いわゆる助手論文で制定過程も克明に辿りながら一一条の意義を解釈論的に明らかにされ、大変有難く思ったものです。人権論に取り組みはじめた頃の私は、そうした憲法諸規定間の構造的連関の問題に関心を向ける余裕がなかったというか、見る目がなかったというか、とにかく日本国憲法の保障する基本的人権の根幹ないし土台そのものを早く見出したいという気持ちに駆られていたということだろうと思います。

そこで先に触れた佐々木『日本国憲法論』の「国民の存在権」論になります。よく法実証主義者と呼ばれる佐々木先生は、憲法改正を審議する帝国議会（貴族院）で反対の演説を行っていますが（占領というような状況の中で国の大事を決めるべきではない、という意見も日本の国民の中にあることを公にしておきたいという思いからのようです）、憲法が成立すると、人権の保障こそ憲法の根本と捉え、佐々木一流の論理的に詰めた解釈を構築しようと努め、それを象徴するのが「国民の存在権」論ではなかったかという思いを次第に強くすることになります。

「人間の生活する立場」には、他者に従属して行動する立場たる「従属的立場」と、一人の生来の人間として独立して行動する立場たる「独自的立場」とがあり、従来人間は国家やそれ以外の関係でも「従属的立場」におかれることが多かったが、憲法一三条に「国民は、個人として尊重される」とあるのは、国民が「独自的の立場において、人間としての存在を認められ、国家に対して、その存在を主張し得る」ということを意味するとされたわけです。

「人間は、人間本来の本能として、自己の生命を愛し、自由を有し、及び、幸福を追求する、という意欲を有する」もので、それが「人間の存在の内容」であり、こうした意欲を有し、これを実現することを「国家に対して主張することが国民の個人としての存在を主張するの権利」、つまり「国民の存在権」であるとします。

なお、同書は、憲法にいう「基本的人権」とは憲法が定める種々の国民の権利（そこには「存在権」も含まれる）のこととし、それは、人間の「社会生活に関する当然の道理として人の行動を規律する規範」（「自然規範」という）による「権利」（「自然権」という）を憲法が「法的権利」として取り込んだものと意味づけます。ただ、「当然の道理」というだけで、その理論的筋道が示されているわけではありませんでした。また、同書は、この「存在権」を「自由権」・「国務要求権」（なおこの権利は「人格の保持向上に関する権利」等々いろいろな要求権を含んでいます）・「参政権」と並列的に列挙して説くのみで、「存在権」の性格・内容はもうひとつ明確ではありませんでした。

佐々木先生の憲法観として、もうひとつ言及しておきたいのは、既に大正七（一九一八）年出版の『立憲非立憲』の「序」に指摘されている「憲法制度を吾々の生活から観なければならない」という観点です——人権論の関係を含めてその意味を深く自覚するようになるのは、しばらく後になってからのことですが。

人権論に関し強い学問的影響を受けたもう一人は、私より六歳上の先輩種谷春洋さんでした。種谷さんのアメリカ人権宣言成立に至る骨身を削るような研究（『アメリカ人権宣言史論』〔一九七一年〕に結実。その後研究は『近代自然法学と権利宣言の成立』〔一九八〇年〕・『近代寛容思想と信教自由の成立』〔一九八六年〕へと続く）は、一三条が「生命・自由・幸福追求権」を規定していることの意味の重さをひしひしと感じさせるものでした。

種谷さんの研究の中にはドイツの憲法一条・二条に関するものもあり、また、田口精一先生のドイツ憲法に関する一九六〇年代の入念な研究と相俟って、「人格」の保全の問題に強い関心を抱かせたことも強調しておきたいと思います。昭和三八（一九六三）年に伊藤正己先生の『プライバシーの権利』が世に出、翌年に東京地裁の「宴のあと」事件判決が出るなど、プライバシーに関心が高まっていましたが、全体主義に関する様々な文献を読んでいたこととも関係して、「人格」の保全の問題は現代国家のあり方の根本にもかかわる最も深刻な問題と受け止め、本格的な憲法上の保護となれば一三条を措いてないだろうと考えるようになっていました。因みに、昭和四二（一九六七）年から四四年にかけてハーバード大学に留学することになりますが、その直前に中央公論編集長の粕谷一希さんに帰国後何かを書くことを約束させられ、昭和四五（一九七〇）年四月号に「プライヴァシーの擁護」〔本書Ⅱとして収録〕を書くことになります。

(2) 日本国憲法の特徴

佐藤：先に一三条は「人権宣言の一般原理」とする宮沢説に触れましたが、さらに、一四条以下の個別的基本権を総称する通則的規定であるとか、一種の自然権宣言規定であるといった理解が一般的であったように思います。これらの諸説も、法の下の平等を定める一四条は具体的な権利規定と理解するのですから、一三条はそうではないという含意を伴うことになります。

しかし第三章の諸規定全体をよく見ると、一三条と一四条とは一体となって何か「格」の違うように思わせてならないものがありました。一七七六年のアメリカ独立宣言には「すべての人は平等に造られ、……一定の奪いがたい天賦の権利を付与され、そのなかに生命、自由および幸福の追求の含まれる……」(高木八尺＝末延三次＝宮沢俊義編『人権宣言集』〔斎藤真訳〕による）とあり、「平等」は日本国憲法一四条に、「生命、自由および幸福の追求」は一三条にそれぞれ相当しているように解せます。

ロックの「生命、自由および財産」や、コモン・ロー体系も取り込む一七世紀イギリスにおける「根本法」観念の登場はよく知られているところですが、さらに、アメリカ独立宣言に至る過程において一八世紀ヨーロッパにおける自然法学説の影響もあって、独立宣言にいう「生命、自由および幸福の追求〔の権利〕」は、諸自由・権利を結合・包括するところの実定性を有する「権利」と観念されていたという種谷さんの指摘は重い意味をもつように思われます。

その上で注目されるのは、一三条前段で「すべて国民は、個人として尊重される」が付加され、また平等を定める一四条が合衆国憲法の平等条項に比べてかなり詳細なものになっていることです。

この一三条・一四条の規定ぶりは、既に総司令部案の一二条・一三条にみられるのですが、それはアメリカにおける長年にわたる経験への苦い反省によるものでした。アメリカ憲法に詳しい釜田泰介さんによれば、「平等」とは「同じ状態にある者を同じように扱う」ということを意味すると解され、それが適者生存・優生思想と結びついて人種差別・性差別の容認につながった（例えば、鉄道車両を人種により分離するとしても、設備の内容が同じであれば問題ない、つまり分離自体は平等を侵さない〔いわゆるseparate but equal〕）ことへの反省があり、そのことが日本国憲法に「個人を尊重する」という根本的価値を明記し、平等保障の内容を委細に書くことを帰結した、とされます。

「個人として尊重される」という根本的価値がおよそ基本的人権の保障を貫く原理・解釈準則であると意図されていたことが知られます。

三　個人の尊重と幸福追求権

土井：今、既に触れていただいたわけですけれども、憲法一三条は個人の尊重を定める前段と、「生命、自由及び幸福追求」に対する権利の保障、および公共の福祉によるその制約を定める後段から成り立っています。この前段と後段の関係については、前段に公共の福祉の文言がないことなどを理由に前段においてこそ基本的人権の核心部分が保障され、後段は公共の福祉により制約される一般的自由を保障するという見解がございます。最近ではかなり支持を広げつつあるのではないかと思います。

そこで、佐藤先生が前段の個人の尊重規定と後段の幸福追求権規定をどのような関係として捉えておられるのか、憲法一三条の法的構造に関する理解をお聞かせいただければと思います。

⑴ 「個人として尊重される」の意味

佐藤：いよいよ、憲法一三条の法的意味・法的構造をどう考えるのかの問いですね。それは、①前段の「すべて国民は、個人として尊重される」とは何を意味するか、②後段の「生命、自由及び幸福追求に対する国民の権利については、公共の福祉に反しない限り、立法その他の国政の上で、最大の尊重を必要とする」とは何を意味するか、そして③前段と後段とはどのように関係しているか、の問題ということになります。
まず、①についてですが、前段にいう「個人の尊重」（二四条にいう「個人の尊厳」）とは、一人ひとりの人間が人格的自律の存在として最大限尊重されなければならないという趣旨で、これを「人格の尊厳」原理と呼び、そして次の一四条が「人格の平等」原理を規定するものと解し、日本国憲法は一三条と一四条と相俟って「人格」原理を基礎とするものであること、また、「人格の尊厳」原理は同時に「人格の平等」原理を意味する理であるが、一三条の「人格の尊厳」原理は、他の人格との関係をひとまず括弧に入れて、「人格」それ自体のあり方を示そうとするものであること、というように考えるに至ったわけです。

　そして、抽象的にいえば、「人格の尊厳」原理は、第一に、およそ公的判断が個人の人格を適正に配慮するものであることを要請し、第二に、そのような適正な公的判断を確保するための適正な手続を踏むことを要請する、つまり、実体と手続の両面にわたるものと解しました。

(2) 一三条前段（「人格の尊厳」原理）と後段（幸福追求権）との関係

佐藤：その上で、後段の「幸福追求権」は、前段の「人格の尊厳」原理を受けて、人格的自律の存在として自己を主張し、そのような存在であり続けることに必要な権利・自由を包摂する包括的な主観的権利を保障するものであると捉えました。

　こうした考え方は、種谷さんの所説に負うところ大なるものがあります。ただ、種谷説が一三条を以て人格的利益を対象とする包括的な自由権規定とした点、また、一三条の「幸福追求権」と個別的基本権諸規定とは一般法と特別法の関係にあるとした点は、次第にしっくりしないと思うようになっていきました。

　一八・一九世紀から二〇世紀への展開を憲法の窓を通してみた場合、〝抽象的人間像〟から〝具体的人間像〟への展開と捉えるべきところがあり（この点は、拙稿「法における新しい人間像――憲法学の領域からの管見」芦部信喜ほか編『基本法学1　人』〔一九八三年〕参照）、「幸福追求権」

も社会権を包摂すると解すべきではないか、また、種谷さんもプライバシーの権利を一三条による補充的保障対象として重要視するが、同権利は全面的に自由権と断じ切れないところがあるのではないか――この点は、後に触れることになろうかと思います――等々の疑問が生じました。

さらに、個別的権利と一三条による補充的保障対象となる権利とは特別法と一般法との関係にあるというべきなのか、という疑問も生じてきました。

そこで、一三条の「幸福追求権」は人権保障の根幹をなす本体的規定で、個別的権利はこの本体をなす「幸福追求権」からいわば流出派生する権利と解すべきではないかと考えるようになりました。と同時に、一三条による補充的保障対象となる権利は、個別的権利と同様にカテゴリー的に特定の内実をもった権利と呼ぶにふさわしいものでなければならないということも強く意識するようになりました。

こうした点は、また後に問題となるかと思いますので、ここではご質問にある問題、すなわち、一三条前段に「公共の福祉」の文言がないことなどにも照らし、基本的人権の核心部分はむしろ前段の保障するところであって、後段は「公共の福祉」により制約を受ける一般的自由の保障と解すべきであるとする見解に言及しておきたいと思います。

この見解は、特にかつて判例などでよくみられた、「公共の福祉」という言葉を安易に決め手として合憲とする傾向などを考えると理解できるものがありますが、やや無理筋ではないかと思っています。一つは、先程触れた「個人として尊重される」という文言が設けられた歴史的背景・事情です。およそ基本的人権の保障を貫く原理・解釈準則と理解すべきではないでしょうか。二つには、後段には「公共の福祉」という文言が入っているとはいえ、アメリカ独立宣言さながらに「生命、自由及び幸福追求に対する国民の権利」とあり、しかも「最大の尊重」を要するとされていることです。三つには、「公共の福祉」による制約を排する「個人として尊重される」「権利」として、具体的にどのようなカテゴリーの権利が広く想定されうるかです。

なお、この見解の力点が一般的自由の保障を憲法に取り込みたいということにあるとすれば、いわゆる人格的利益説か一般的自由説か、違憲審査のあり方をどう考えるか（付随的審査制か規範統制か）等々に関連づけて、検討されることになります。

四　人格的自律権論の展開

土井：今、お話いただいたような憲法の条文理解を前提にして、佐藤先生は人格的自律権論を憲法の基礎理論のみならず憲法解釈論としても展開されることになります。しかしこの人格的自律権論に対しては、一方で人格や理性にこだわることによって人権の享有主体の範囲を限定することにならないか、保障される人権の範囲を道徳に基礎づけられる行為自由に限定してしまうことにならないか。あるいは自律とは生きることの意味や目標など価値判断の基準が個人に属することを意味するはずであるのに、人格概念を用いることによって共通の価値基準を設定することになってしまわないか、といった原理的な批判がなされています。

また、他方で人格概念によって意味する内容が不明確であることから、憲法解釈論において具体的な結論を導き出すことができるのか、といった実際的な批判もあるところです。こうした批判を受けて、人格的自律権概念を用いて基本的人権保障について考える意義をどのように考えておられるのか、批判に対する反論を含めてお聞かせいただければと思います。

(1) 「人格的自律権」を基礎に憲法一三章の諸権利を統合的に理解する趣旨

佐藤：先程、一三条後段の「幸福追求権」は、前段の「人格の尊厳」原理を受けて、人格的自律の存在として自己を主張し、そのような存在であり続ける上で必要な権利・自由を包摂する包括的権利であること、そして、「幸福追求権」は人権保障の根幹をなす本体的規定で、個別的諸権利はそこから流出派生する権利と考えるようになった、と申しました。

そうすると、「幸福追求権」と個別的諸権利に通底するのは「人格的自律の存在として自己を主張し云々」ということになります。ならば、「幸福追求権」も個別的諸権利も包摂して「人格的自律権」と称することもできるし、一三条が保障するのは「幸福の権利」ではなくあくまで

「幸福追求の権利」であることとの趣旨にも適合的ではないかと考えるようになりました。より的確に表現するとすれば、一三条の「幸福追求権」は「基幹的人格的自律権」、個別的諸権利は「派生的（個別的）人格的自律権」ということになります。

ここに至る過程には、ドゥオーキン、ゲワース等々のいわゆる哲学的人権論やカント学者の中村博雄さんなどの論述から貴重な示唆を受けたことのほか、幾つかの実際的配慮によるところもあったことを指摘しておきたいと思います。

その第一は、憲法による基本的人権の保障を有機的・動態的に理解する必要がある、ということでした。つまり、人間が、絶えず変化する時代状況の中で、自律的生を全うするには何が大事かという視点で人権保障のあり方を考えることの必要、です。私は情報公開条例や個人情報保護条例の制定などにごく初期の頃から携わり、憲法をどのように関係づけ活かすかに私なりに腐心しましたが（表現の自由を「自由な情報流通のための権利」と捉えたのも、その一例です）、そうした経験から得た実感です。

第二は、人権の問題を、人間の〝生〟を全一的に捉えた姿とそれぞれの局面ないし段階とを往還させつつ、後者をより真剣に考える道筋を整えておきたい、ということでした。〝子どもの人権〟〝高齢者の人権〟などがそれですが、七〇歳を過ぎて特に関係するようになった先住民族アイヌの人たちが直面してきた問題（憲法学では中村睦男さんや常本照樹さんが早くから真剣に取り組んでこられた問題）も、こうした課題にかかわるものでした。

ギリシャ哲学の藤沢令夫さんは、哲学の仕事を以て「それぞれの部分認識を、……人間にとっての全一的な知の希求へと脈略づけ、定位し、収斂につとめること」にあるとされましたが（『哲学の課題』〔一九八九年〕）、「基幹的人格的自律権」はそれぞれの人権がそもそも何のためにあるのか、どうすればよりよく実現できるのか、といった問いへと誘う哲学的基盤のようなものといえるのかもしれません。普段はこういうことを意識する必要はないともいえますが、ハンセン病訴訟に関する熊本地裁判決が、まずは居住・移転の自由（二二条一項）の問題として捉えつつも、「人として当然に持っているはずの人生のありとあらゆる発展可能性が大きく損なわれるのであり、その人権の制限は、人としての社会生活全般にわたるもの」であって、「このような人権制限の実態は、……より広く憲法一三条に根拠を有する人格権そのものに対するものととらえるのが相当」と述べているのがきわめて示唆的です。

第三は、第一、第二とももちろん関係しますが、個別的人権を支えるものないし個別的人権の間隙を埋めるものを補充的保障対象として法的に構成しなければならないということです。そのような権利として、人格価値そのものにかかわる権利、自己決定権（最狭義の人格的自律権）、適正な手続的処遇を受ける権利などを説くことになります。

以上のような人権の動態的展開にかかわる私の〝背景的権利―法的権利―具体的権利〟論につ

いて、新正幸さんは、これを「三段階理論」と呼び、方法論的には道徳と法、存在と当為を渾然一体として包摂し、その射程においても既存の人権から「新たな人権」までをも視野におくもので、第二次世界大戦前に「類例のない方法的混乱」としてケルゼンにより厳しく批判され、戦後ドイツ憲法学に大きな影響を与えたスメントの統合理論を何処か想起させるものがあると評されているところです（私の時間が許すなら、是非考えてみたいと思っている事柄です）。

(2)「人格的自律権」に対する批判への応接

佐藤：このような「人格的自律権」に対しては、ご質問にあるような様々な批判に遭遇しました。まず、「人格的自律権」論は、人格的利益説と一般的自由説とを対比させ、頭から一般的自由を排除するものだという批判ですが、これに対しては、「人格的自律権」論をとると否とにかかわらず、先に申したように、憲法の解釈論として無理ではないかとお答えしたい。ただ、一三条の補充的保障、特に私のいう自己決定権（最狭義の人格的自律権）による保護対象となるものがありうることを指摘しておきたいと思います。

一番よく聞くのは、いきなり「人格的自律」といわれてもよく分からない（特に学生の場合）、何故「人格」という言葉にこだわるのか、何か「理性」的要素が強すぎる（人間は非合理的要素を多くもっている存在だ）、嫌な道徳臭さえする、といった反応・意見です。

私の至らぬ説き方のためとも思い、最近は、「個人として尊重される」とは、一人ひとりの人間（個人）が、自由・自律という尊厳性を表象する「人格」主体、「権利」主体（端的にいえば、人格的自律の存在）として、他者と共生・協働しつつ、それぞれの生を全うできるようにするという意であり、「生命、自由及び幸福追求に対する国民の権利」、つまり私のいう「人格的自律権」とは、それを可能にするに必要なものを「権利」として法的に保障するという趣旨である、と説くことにしています。一人ひとりの人間（個人）がこうした「人格」主体、「権利」主体でない社会、その典型は昔の奴隷社会、農奴社会ですが、そんな昔にまで遡らなくとも、あのアメリカでさえ南部では一九世紀半ばまで黒人をモノ扱いする奴隷制度があり、先に述べた事実上の人間としての差別となれば第二次大戦後まで続いたのです。貧困・暴力の問題も含めて人間（個人）の「人格」主体性・「権利」主体性の実質を問うならば、形を変えながらも「人間の社会」が続く限りの課題だとさえ思えるほどです。

因みに、『広辞苑（第七版）』には、「人格」について、①人がら、人品、②パーソナリティ（個性など）、③「道徳的行為の主体としての個人。自律的意志を有し、自己決定的であるところの個人」、④「法律関係、特に権利・義務が帰属し得る主体・資格。権利能力」、というようにあります。私のいう「人格」は、ほぼ③、そして当然に④に相当するということになりましょう。

土井さんが、「人格の『尊厳』（Würde, dignity）とは、交換可能な手段的有用性を示す『価格』

と異なり、固有の存在意義・目的を有する存在者の価値的属性を示すものと解され、ある存在を人格として『尊重する』とは、当該存在を尊厳ある者、つまり固有の存在意義・目的を有する主体として処遇し配慮すること」であるとし、そして、「国法の介入しがたい『自律』の領域を認めることこそ、個人主義の第一の内容」であり、「この『自律』が理解できない限り、個人の尊厳は理解されない」という江橋崇さんの言を引用されているのは、心からの共感を覚えるところです。

よくその重要性が指摘される人間（個人）の多様性・多元性も、「人格」主体性、「権利」主体性の普遍的保持が確立されているところで可能なのであり、そうした社会を形成・維持していくためには、社会を構成する人びととの協働（象徴的にいえば、様々なレベルにおける〝対話〟）が不可欠であり、そこでは人びとの合理的な判断力と互酬性に基づく自制力（倫理性）が求められることになります。私はかねていろいろなところでいわゆる理性万能の危険性に言及してきましたが、理性の一定の枢要な役割を否定しては共生・協働は不可能であり、ひいては「人格的自律権」もその存続の基盤を失うことになることを強調しておきたいと思います。

五　司法制度改革と人格的自律

土井：その後、一九九〇年代頃から、佐藤先生は行政改革、そして司法制度改革に関与され、これを主導されることとなります。それに並行して人格的自律の考え方は人権の領域のみならず統治機構の領域でも重要な意義をもつものとして拡大され、それによって人格的自律の考え方を神髄とする佐藤憲法学が体系的に完成したと言ってよいのではないかと思います。

しかしこれに対しては、一つの基礎理論に基づいて憲法のすべての領域を体系化することは困難ではないか、あるいは権力の行使を担う統治機構と権力に対抗する人権を同一の考え方で説明することで両者の間にある緊張関係を覆い隠すことになってしまわないか、個人の自律と集団としての国民、あるいは観念的統一体としての国民の自律を同一の次元で捉えることが適切なのかといった批判がなされています。

人格的自律の考え方に基づいて主権理論、あるいは統治機構論を考える意義について、書斎に戻られた今、統治機構改革に関与された経験を振り返って改めてどのようにお考えか、お聞かせいただければと思います。

(1) 国民主権との関係――「政治部門」のあり方

佐藤：ご質問に関してですが、合衆国憲法への最初の修正一〇か条（権利章典）の追加に尽力し、〝憲法の父〟と呼ばれることになるマディソンが、天使ではない人間にとっての権力の必要を説く一方、権力の分割・統制（権力作用の単純な分離ではなく、抑制・均衡のシステムの構築）の枢要性を力説しました。「幸福追求権」（私のいう人格的自律権）の重要性を説くことと、政治権力のあり方それ自体を考えること、とは矛盾するものではないと考えております。

「人格的自律権」論は、全体主義の悲惨な経験に鑑み、「人格の尊厳」という言葉でその意義を強調しますが、独立宣言の「幸福追求権」がそうであったように、人間本来のあり方として情念や本能的欲求といったものを決して否定するものではなく、一人ひとりがその個性に応じて生を築いていく、それゆえに人間の能力の限界や過ちを犯す可能性やいわゆる善意のもたらす悲劇にも十分留意しつつ、各人の人格的自律権が相互に尊重される統治構造・過程をいかにして形成・維持するかという難しい課題があることは自覚しています。

私は、現代立憲主義の特徴を、①主権者たる国民が憲法を制定し、②その憲法が政府（統治権力）の正当性の唯一の法的根拠となり、③人間（個人）の尊厳を基礎とする基本的人権を保障するとともに、統治権力の実効性を確保すると同時にその濫用を有効に防止するための統治構造（権力分立ないし抑制・均衡）を定め、④他の法形式に対して憲法の優位性を確保するため独立した機関（司法裁判所、憲法裁判所）に違憲審査権を付与する、などの点に求め、日本国憲法はその典型の一つと解してきました。

そして主権が国民にあるとは、憲法制定権力が国民に属するということにとどまらず、統治制度の民主化の要請とともに「公開討論の場」が国民の間に確保されることを要請する（それに関連して情報公開制度の確立の必要）ことを意味すると説きましたが、こうした点は辻村みよ子さんに評価していただきました。

政治思想史の三谷太一郎さんは、近著の『日本の近代とは何であったか』（二〇一七年）において、『イギリス憲政論』で知られるウォルター・バジョットが別の著において「議論による統治」の意義を強調していたことに触れ、それは、社会の徒らな固定化を避け、同時に度を越す行動を抑止し、「自由」と「秩序」を両立させようとする政治社会にとって必須の思慮・熟慮を確保する土台というべきものであろうことを示唆されています。

この「議論による統治」の場、私のいう「公開討論の場」の中心にあるのは、日本国憲法についていえば、国会・内閣の「政治部門」であり、それを取り囲むような形で統治主体である国民が言論（いわゆる「知る権利」も含む）・集会・結社などの諸権利を行使しつつ反応・働きかけをする、そこに〝政治のフォーラム〟が成立する、というように考えられます。

従来はこうした観点から日本の姿をみると、どうも行政の比重が高く、しかも明治憲法下の習性を引き継いで〝各省割拠主義〟的傾向が相当強くあった。前世紀末の難しい時代状況の中で政治改革をはじめ様々な改革が行われ、その中の一つの行政改革の中に内閣機能の強化というものがあったわけです。私も関係した行政改革会議の「最終報告」（一九九七年）は、その方向を打ち出しつつ、特に「内閣機能強化に当たっての留意事項」という項目を立て、その中で次のように述べています。「内閣機能の強化は、日本国憲法のよって立つ権力分立ないし抑制・均衡のシステムに対する適正な配慮を伴わなければならない」、と。そしてその具体的内容として、「地方分権〔の〕徹底」・「国会のチェック機能の一層の充実」を求めるとともに、司法との関係では「『法の支配』の拡充発展を図るための積極的措置を講ずる必要がある」として、「政府においても、司法の人的及び制度的基盤の整備に向けての本格的検討を早急に開始する必要がある」と述べました。さらに「最終報告」は、「もとより」のこととして、「政府の諸活動を国民に説明する責務が全うされるようにし、国民による行政の監視・参加の充実に資することを目的とする情報公開法制の確立」を強く求めたことも力説しておきたいと思います。

改革は必要であったという思いは変わりませんが、改革後、想定外の気掛かりな面もいろいろ生じてきており、あるべき姿になるようねばり強く努力する必要を感じています。

(2) 「法の支配」との関係――「司法部門」のあり方

佐藤：この「最終報告」を受けて（特に裁判官の経歴を有する保岡興治衆議院議員の努力などによるところが大きいのですが）、平成一一（一九九九）年に司法制度改革審議会が設けられ、二〇〇一年の「意見書」は、「二一世紀の我が国社会において司法に期待される役割」について次のように述べています。「法の支配の理念に基づき、すべての当事者を対等の地位に置き、公平な第三者が適正かつ透明な手続により公正な法的ルール・原理に基づいて判断を示す司法部門が、政治部門と並んで、『公共性の空間』を支える柱とならなければならない」。そして「意見書」は、制度的基盤の整備、人的基盤の拡充、国民的基盤の確立（国民の司法参加）に関する様々な提言を行いました（それは、委員・事務局職員はもとより様々な方々の努力の結実でした）。

その趣旨を私なりにごく平たくいえば、①法曹を「国民の社会生活上の医師」と位置づけ、司法が国民の身近にあってその法的生活を支え、それを背景に、②司法が三権の一翼を担うによりふさわしい存在となり、③グローバリゼーションにも立ち向かいうるものとする、ということであったと思います。

「人格」主体、「権利」主体性を強調する「人格的自律権」論の立場からすれば、国民の法的生活をその身近にあって支える司法の充実はより直接的な重要性をもつ課題であったはずです。ところが、日本国憲法になっても、司法は内向きに小さく固まり、そうはならなかった。法曹人口は二〇〇〇年頃は二万人ほどで、そのうち弁護士人口は一万七千人ほどにとどまっていました。司法改革により、今は法曹人口は四万五千人ほどになり、弁護士人口は四万人を超えるようになりました。大きな法律事務所もできると同時に、いわゆる「市民に寄り添う弁護士」も誕生しました。新しくできた日本司法支援センター（法テラス）で活躍するそうした若い弁護士を様々な機会を通じて多く知っております。また、裁判員制度の導入は、国民が司法についての理解を深めることにつながり、J・S・ミルのいう「公共精神の学校」的意味合いをもってきているのではないでしょうか。

この司法改革の推進も様々な困難に直面し、関係者の労苦が偲ばれるのですが、現今の内外の世相をみるにつけ、古代ギリシャ・ローマ以来の「法の賢慮（juris prudentia）」という実践知の伝統を育んでいく重要性を痛感せずにはおれません。先に「憲法制度を吾々の生活から観なければならない」という佐々木先生の言に触れましたが、こうした経験を通じてその意味をかみしめることが多くありました。

六　憲法と私法秩序

土井：近年の政治状況の中で立憲主義に対する関心が高まり、立憲主義の理解をめぐって憲法が規律する事項について論争が行われています。一方では、憲法は国家権力を拘束する法であり国民の行為を規律する規定が含まれるのは立憲主義に反するという考え方がございます。他方で、憲法が国家、社会の理想や基本的価値を定めることは認められるはずであって、国民がこのような理想や基本的な価値に基づいて自らの活動を律することも憲法の期待するところであるという考え方がございます。

このような対立は人権規定の私人間効力に関する論争にも関係しています。いわゆる新無効力説は国家と社会および公法と私法の二元論の意義を再評価して、憲法の規律事項を国家と国民の関係に限定しようと試みています。他方で、憲法の基本的価値が私法秩序を規律することを積極的に評価する立場からは、ドイツの憲法理論を参考にして国家による基本権保護義務論が説かれたり、憲法が私法においても最高法規であることから私人間効力に関する問題は合憲解釈あるいは憲法適合的解釈として理解すればよいとする見解が示されたりして、百家争鳴の様相を呈しています。そこで、佐藤先生の人格的自律権論はこの問題についてどのような示唆を与えるものなのか、お聞かせいただければと思います。

(1) 私法秩序に関する従来の議論

佐藤：憲法の人権規定が私人相互間の関係にどのように意味をもつかが意識されるようになって、無適用説、直接適用説、間接適用説が登場し、間接適用説が通説化したような印象もありましたが、今はおっしゃるように百家争鳴の様相を呈しているといえるのかもしれません。

人権観念が国家権力との関係でこれを統制・拘束する趣旨で登場したことは否定できないところであり、また、私人間は人権主体同士の関係であるのに対し、個人と国家権力との関係はそれとは全く異なるものです。ただ、日本国憲法には「何人も、いかなる奴隷的拘束も受けない」（一八条）、「児童は、これを酷使してはならない」（二七条三項）などの規定もみられ、人権規定と私法関係が全く無関係とはいえないというのが現代憲法の特徴のようにも思われます。そこで私は、三説のうちのどれかというように抽象的に割り切るのではなく、アメリカ的な私的統治説が妥当する可能性も否定することなく、事件・争訟における具体的な私法的生活関係の性質や事情に即して、問題とされる人権の趣旨を勘案しながら適正な解決を図る、ということになるのではないかと述べてきました。

そうこうするうちに、民法学の方で真摯な理論的解明が示されるようになります。一つは、ドイツ的な理論構成を範とするもので、国家が侵害者の侵害行為を禁止しなければ、国家がその侵害行為を許容し、被侵害者に受忍を強いる形になり、結局国家自体が被侵害者の基本権を侵害するのと同じになるとするものです（防御権構成）。もう一つは、そのようにみるのであるとすれば、その前提には国家の基本権保護義務があるはず（保護義務構成）とするものです（山本敬三）。もとより憲法学でも、この種の考え方による立場も有力で（小山剛など）、ご質問にあるように、憲法は私法においても最高法規で、私人間効力の問題は合憲解釈ないし憲法適合的解釈の問題にすぎないとみる説を含めれば、憲法の基本価値が私法秩序をも規律するとみる立場が勢いを得ているように思えます。

さらにもう一つは、フランス的な考え方による「人権理念構成」と称すべき立場があります。人権観念はフランス革命で登場したが、フランスでは民法は「社会のコンスティテューション」、憲法は「国家のコンスティテューション」であり、むしろ民法がある意味で法律の中心という発想が強く、人権は憲法にだけ認められるのではなく民法において私人に対する権利としても存在するとされます（星野英一）。これを受けるような形で、憲法学において、「理念としての人権」を想定し、それが一方では憲法上の権利として、他方では私人に対する民法上の権利として現れるのであって、憲法上の権利はあくまで国家権力に対峙し、それを拘束する規範であることが強調されます（新無適用説。高橋和之）。

(2)「人格的自律権」と人権規範の二様の妥当性

佐藤：ではどう考えるかですが、現在私は次のように思っています。まず、①人が自律的存在として他者と協働しつつ共に生きていくために互いに「人格的自律権」を尊重し合うという基本的な約束を行う（社会契約）、その上で、②政府を創設し政治権力を独占させ必要な権能を付与するとともに、その濫用を阻止する仕組みを設け、かつ、政府が侵してはならない基本的人権を明示するという内容の約束を取り交わす（統治契約）、という筋道で考えてはどうか、と。

日本国憲法は直接的には統治契約ですが、憲法一三条は、各人が他者と協働しつつ自己の生を主体的に形成していくこと（私的自治の原則・契約の自由のシステム）を当然の前提に、私人間の関係が、歴史的に彫琢された構造と叡智に従って法律により形成されることを想定しているものと解されます（私法秩序の措定）。また、家族生活に関する個人の尊厳と両性の本質的平等を定める憲法二四条のように、憲法自体が基本的にその形成のあり方を明示する場合もあります。そして、私的自治の原則・契約の自由のシステムを形成する法律の個別的定め方が憲法の人権規定に抵触する場合には違憲とされ、あるいは、原則・システムの下での関係当事者の一方の行為が人権規定の趣旨に照らして許容し難く、結局憲法が想定する原則・システム内の行為とは判断しえないとされることがありうるということになります。

ドイツ的な理論構成は、法律論としての魅力を感じつつも、基本権の保障は国民と国家権力との間のものとしながら何か一転して「保護義務」にまで至っているといった感を拭い切れないものがあります。私は、およそ私的なるものを否定し、法秩序的なものを蔑視した全体主義を思い浮かべるとき（シャピーロ〔河合秀和訳〕『全体主義』〔一九七七年〕参照）、私法秩序の自律性という視点から「理念としての人権」構成に共感するものがありますが、こちらの方は何か見事なまでに日本国憲法と切断されているといった感を否めません。

七　プライバシー権と自己情報コントロール権

土井：それでは、次に具体論に入っていきたいと思いますが、憲法一三条が個別条項に定められていない権利を補充的に保障する規定であると理解する場合、具体的にどのような権利が補充的に保障されるのかが問題になります。

この問題について佐藤先生は早くからプライバシー権に注目され、自己情報コントロール権の理論的基礎を構築されました。現在、最高裁判例も、自己情報コントロール権について明示的に言及しているわけではありませんが、具体的に保障されている権利利益の定式を総合していくと、自己情報コントロール権の考え方に共感を持っているのではないかと思われるところです。そこでなぜ憲法一三条で補充的に保障される権利としてプライバシー権を重視されるに至ったのか、また人格的自律の考え方と自己情報コントロール権にはどのようなつながりがあるのか、お聞かせいただければと思います。

(1)　一三条に関連づけて、何故プライバシーの権利にかくも強い関心をもったのか

佐藤：プライバシーの問題に強い関心を抱いた理由として、遠因と近因に分けて説明したいと思

います。遠因としては、「人格《パーソン》」という言葉が「ペルソナ」、すなわち古代の役者たちが劇中につけた仮面を意味するラテン語に由来するといったことを巡る様々な言説（和辻哲郎、ハンナ・アレント等々）に妙に惹きつけられるものを感じてきたということもありますが、何といっても小林秀雄の次のような指摘が心に重く沈み続けてきたことがあります。「人間の良心に、外部から近づく道はない。無理にも近づこうとすれば、良心は消えてしまう。……良心の問題は、人間各自謎を秘めて生きねばならぬという絶対的な条件に、固く結ばれている」（小林秀雄『考へるヒント』〔一九六四年〕）。

近因としては、何よりも全体主義にかかわる様々な論述に触れたことです。あのトクヴィルの『アメリカにおける民主制』に、既に、民主制が行き着くかもしれない不気味な姿（今日にいうまさに全体主義的な究極の姿）が描かれていて強い印象を残していましたが、何といってもナチズム・ファシズムの登場の背景と狡猾かつ戦慄に満ちた実態を知ったことが決定的でした。これに、軍国主義化した戦前の日本の実態に関する知見が重なっていたことはいうまでもありません。科学技術を駆使した、かくも人間を徹底して手段・モノ扱いする（できる）体制は人類史上はじめてのことではないかの思いを強くしました。

イタリア・ファシズムの公認の哲学者ジェンティーレは、ファシズムとは「全体的な生活把握」で、「私的なるものは何もない、国家の行動には何の限界もない」と演説したといわれますが、一九七〇年の私の「プライヴァシーの権利（その公法的側面）の憲法論的考察」（法学論叢八六巻五号）が、「来るべき闘争は民主主義のためのたたかいではなく、もっと具体的なもの、……社会と私的生活の存立のためのたたかいを意味することになるだろう」という、一九四〇年出版のレーデラーの『大衆の国家』の文章の引用（後の青井和夫＝岩城完之訳による）ではじめたのは、その帰結でした。

(2) プライバシーの権利（自己情報コントロール権）

佐藤：ここにいわれる「私的生活の存立」とは何か。アメリカなどでいわれ、日本に継受されつつあるプライバシーという語がそれに相当すると理解してよいであろうと考えました。が、そうだとしても、アメリカにおけるプライバシーないしプライバシーの権利は様々な文脈で使われ、その根拠・内容・性格に関し必ずしも明確でないきらいがありました。

先に一九六七年から六九年にかけてのアメリカ留学に触れましたが、当時、不法行為法上のプライバシーの侵害類型は幾つあるかと論じられたり、刑事捜査における電話傍受（盗聴）がプライバシーとの関連で問題とされたりの状況でしたが、電子技術の進歩が人間のプライバシーや自由に深刻な課題をもたらすのではないかの認識が深まりつつある時期だったように思います。そこに大きな情報革命を予感させるコンピュータの登場です。

一九六七年に Westin, Privacy and Freedom が出版され、ハーバード・ロー・スクールの教授でその授業を聴講していたフリードさんの "Privacy" と題する論文が六八年の Yale Law Journal に載り、早速読み、大変な時代になりそうだと思ったものです。前者は、プライバシーを脅かす新テクノロジーの様々な姿を描き、後者は、そうした状況を視野に入れつつ、プライバシーの保持が人間の生の営みの根本を象徴する敬意、愛、友情、信頼が成り立つ上で不可欠の前提であること、そしてその意義は、他者がわれわれについて情報をもたないということではなく、われわれが自己に関する情報をコントロールしているという点にある、と説くものでした。これは、先に触れた「ペルソナ」にかかわる言説や小林秀雄の指摘などともよく響き合うものでした。

それまで、私的なるもの、プライバシーを守るためには、「権利」構成を図ることが欠かせないと考えながらも、その難しさに思い悩んでいました。プライバシーが問題となる局面、文脈は多種多様です。したがって「プライバシーの権利」は包括性を有さざるをえませんが、そうした雑然としたものをそのまま「権利」（「プライバシーの権利」）と称しても、どれほどの意味があるか。それが一つの「権利」として受け入れられ、それにふさわしい〝迫力〟をもつためには、①それなりにまとまった内実をもち、かつ、②人間実存の本質にかかわる道徳性・倫理性を備えていなければならない、と考えていました。そんな中で、フリードさんの説明は、少なくとも私にとってきわめて説得力のあるもので、〝自己情報コントロール権〟論へとつながっていったわけです。そしてこのような内実をもつ「プライバシーの権利」を、種谷説の示唆に従って、一三条の補充的保障対象となる〝人格価値そのものにかかわる権利〟として位置づけることになったのはごく自然のことでした。

この権利に関し最後に述べておきたいのは、フリードさんが、先進社会にあって、人に自己に関する情報をコントロールしているという感覚（安心感）と事実の両者をフルに与えることのできる唯一の方法は、人にコントロールしている自己コントロール権原（a legal title to control）を付与することだといっていることです。プライバシーは、自己に関する情報が単に外に広まっていないということではなく、その情報がコントロールされているという安心感なのであり、そのためには公共的・非個人的かつ根本的な法の制度を用いることであると述べて、論文を結んでいます。私が関西の幾つかの自治体の情報公開制度や個人情報保護制度の創設と運用にかかわっていったのは、こうした主張に促された面もあったのかもしれません。

八　自己情報コントロール権批判とこれからの社会

土井：今、具体的な例として電話盗聴の問題などを挙げていただきましたが、ＩＣＴが急速な発展を遂げて人工知能ＡＩがシンギュラリティを迎えるのではないかといわれる現代は、ジョージ・オーウェルが『1984』で描いた世界をはるかに超えてしまっているといえるかもしれません。ビッグデータが経済活動や政策形成、あるいは科学技術の発展に大きな貢献を果たし、IoT（Internet of Things）が個人の生活の質を飛躍的に改善することへの期待が高まる中で、一方ではプライバシーや個人情報保護はこれらの展開を阻害しているという強い批判が出てきています。しかし他方でプライバシー権を保護する立場からは、自己情報コントロール権ではこうした科学技術の展開に十分対応できないのではないかといった懸念が示されているところです。こういう状況について佐藤先生はどのようにお考えでしょうか。

(1) 自己情報コントロール権に対する様々な批判とそれへの応接

佐藤：私の主張に関し、当然のことながら様々な批判に接してきました。①プライバシー（プライバシーの権利）の問題は、従来のようにそれぞれの局面、文脈で考えればよいことで、何故統合した一個の権利に仕立てなければならないのか、しかも人間の尊厳とか道徳的自律というような抽象度の高い理念によって。②自己情報コントロールというけれども、そういうことはそもそも可能なのか、自分に関する情報は自分の意向とは関係なしに世の中に流布しているではないか。③こうした論の立て方は、対国家、対私人という違いの壁を取り払い、国民や企業の諸活動を規制する面も強く、人権観念に悖るのではないか、等々。

こうした批判に対しては、既にフリードさんの所説にも関連づけて示唆したように、科学技術の進展が人間の生の営みの基礎を脅かす面を有しており、〝一人でいさせてもらう権利〟といった受け身姿勢だけでは私的なるものは守り切れない、情報の収集・集積・利用・提供といった全過程を視野に入れながら、個人の自律的生を確保できる法的制度を構築する道を探らなければならない、それはつまるところ自己情報コントロールという内容をもつ「プライバシーの権利」の実現にかかわる課題ではないか、と思い続けてきました。それは、司法の場を通じての個別的救済だけではなく、立法による制度形成、さらに制度の適正な運用を図るための様々な工夫（例えば、独立の第三者機関によるチェック）を含む動態構造的なものにならざるをえません。

ところで、こうした法制度の構築にあたっての重要な視点として、私は、人格的自律の核にかかわる「固有情報」とそうでない「外延情報」の区別の必要を指摘しました。それは、政府の活動や国民の社会・経済生活にとって個人情報が必要であることとの調和を図ろうとする趣旨でした。ところが、情報技術の進展はすさまじく、私などの予想をはるかに越えるスピードで〝ビッグデータ社会〟に突入し、個人の日常生活に関する大量の情報（私のいう「外延情報」）が収集され高速で分析され、人間性（像）を予測的に描き出す情報が求めに応じて流通し、社会における人の生のあり方をいわば〝外から〟規定・抑圧しかねない事態さえ生じていることを、とりわけ山本龍彦さんの研究を通じて教えられてきました。山本さんは、従来の自己情報コントロール権論を〝ウェット〟な権利論とし、それは今や情報システムそれ自体、データベースの構造ないしアーキテクチャを対象とした〝ハード〟なものとならなければならないとされています（そして、例えば、「ＥＵ一般データ保護規則」でプロファイリングに対し異議を唱える権利が取り込まれていることに注目されています）。

土井さんも、表現の自由が思想・良心の自由、学問の自由、職業選択の自由など様々な人権の保障に関係する横串的機能をもっていると同様、自己情報コントロール権も様々な人権保障、人間の様々な生活の場面で横串的にかかわる権利であり、この点ドイツにおける「情報自己決定権」の議論が参考になるとされています。こうしたこととの関連で想起するのは、先ほど触れたフリードさんの「コントロール権原」論ですが、いずれにしても、表現の自由とはそもそも何のためのものであったか（あるか）を問い続けなければならないように、自己情報コントロール権とはそもそも何のためのものであったか（あるか）を問い続けなければならないように思われてなりません。

なお、ＩＴ系の巨大なごく少数の情報産業が世界的に圧倒的な支配力をもった情報の集積・提供サービスを行っているといわれます。国家自身がこういうことをやれば、悪夢のような究極の全体主義国家、全体主義的な世界支配さえ連想させますが、既に社会の基本的なインフラになっている情報産業の活動がフリードさんのいう「公共的、非個人的かつ根本的な法の制度」の見地からどのように評価されることになるかの関心を抑え切れないものがあります。

(2) われわれはどこに向かって進もうとしているのか

佐藤：最後のご質問、ビッグデータが経済活動や科学技術の発展に大きな貢献をし、ＩｏＴが個人の生活の質を飛躍的に改善する期待が高まる中、プライバシーや個人情報保護がこれらの展開を阻害しているという強い批判をどう思うかということですが、ビッグデータの開発に携わった人たちがそれにものすごい意義と期待をもっておられることは私も承知しています。前世紀末にＤＮＡが大きくクローズアップされたときもそうだったのですが、究極の姿がどうなるのか私には分からないと申すしかありません。ただ、こうした科学技術の急速な展開に人間の知恵が追いついていけるのかという根深い不安を抱いています。

小林秀雄の『私の人生観』は若い頃から何度か読んだ一冊なのですが、一九八〇年代に同書（角川文庫〔改版三七版、一九八九年〕）を読んだとき、「自然の世界と価値の世界との分離が現われた。近代の文明は、この分離によって進歩したことに間違いはないが、やがて私たちは、この分離に悩まねばならぬ仕儀に立ち到った。現代の苦痛に満ちた文学や哲学は、明らかにそのことを語っている」という一節がとても印象的でした。同じく一九八〇年代ですが、トフラーの『第三の波』（エレクトロニクスや半導体などを中心とする新しい産業形態を基盤とする文明）なども念頭におきながら、ギリシャ哲学の藤沢令夫さんは、アリストテレスの学問類型上第一位の観想知（科学）と第三位の製作知（技術）が直接合体して「科学技術」という巨大な奔流が生じ、第二位の行為知（実践的知恵・思慮）が孤立した状態にあることを指摘しました。

そして藤沢さんは、「世界についての『観想知』（理論）のあり方と内実を根本的に再吟味して立て直すこと、そしてそれと即応しつつ、機械化・高速化の潮流の中にあって人間本来の生き方と行為のあり方を確保すべく刻々の努力を継続すること、しかありえないだろう」と述べています。あのノーベル文学賞のカズオ・イシグロさんの『わたしを離さないで』（二〇〇六年）の作品にも、同様の「苦痛」のようなものを感じます。

いわゆる先進国をも含む現今の世界の状況をみるとき、自然科学自体が挑戦を受けているようなところさえあり（さる大国の大統領が〝地球温暖化〟などは〝でっちあげ〟と公然と述べる時代です）、また、「人格」主体・「権利」主体を土台とする法秩序、立憲主義体制を維持することも容易でないことを思わせます。藤沢さんと同様に、「刻々の努力を継続することしかありえないだろう」といいうるのみです。

（二〇一九年、憲法研究四号）

Ⅳ 「人格的自律権」論に関する補足的説明および随想文

1　「人格的自律権」論の背景と趣旨

一　「人格的自律権」論の背景

現代法律学講座（青林書院新社）の一冊として、大学での講義ノートを基に『憲法』を上梓したのは、一九八一年のことであった。幸い多くの読者に迎えていただいたが、次第に、それを基に教室で説いていることと日本の現実の姿との間にある〝かなりの落差〟のようなものに、落ち着かない思いも強くするようになっていった。こうしたことはよくありうることで、法学者（研究者）として気にすべきようなことではなく、法の理解（解釈）として自己の正しいと思うところを教室で説いていればよい、むしろ純粋の法学者（研究者）であろうとするなら、そうすべきであるとも考えたが、同時に、すべてそのように割り切れる事柄なのかの思いも強く残るものがあった。

そうした思いからであろう、例えば、一九八〇年代初頭の頃から、いわゆる「知る権利」の実現や「プライバシー」の保護に関連して、地方自治体における情報公開制度や個人情報保護制度の構築の動きが生じた時、かねて筆者も主張してきたところでもあっただけに、求めに応じて積極的にかかわるようになっていた（と同時に、国レベルでの動きのにぶさにやや苛立ちのようなものを覚えることもあった）。

そうした状況の中、かなり前に一読したことのある佐々木惣一『立憲非立憲』（弘文堂書房、一九一八年）を、ふと再び手にした。そして、その書の「序」の冒頭に、「立憲政治の本義は何に在るか。眞の立憲政治が我が国に行はれないのは何の故か。之は、憲法制度を條文の解釈から観ただけで分るものではなく、憲法制度を吾々の生活から観なければならない」（傍点筆者）といい、「立憲政治なるものが、今や我が国民の間に大に唱道せられ又説明せられるにも拘らず、徹底しない感じのするのは、恐らくは、其の観方に就て右述べた如き用意を缺いて居るからではあるまいか」、とあることに強い印象を受けた。

『立憲非立憲』では、「政治は人間の理想の測量器である」ということなど、政治の理想・道徳の関係を中心に種々論じられているが（「政治の腐敗固より憂ふべきである。併し、更に憂ふべきは、政治の腐敗に対する人心の麻痺である」といった指摘もある）、この書の趣旨を次のように受け止めた。立憲政治は、道徳的自由の主体たるべき国民が、それぞれの生活を営みつつ、政治という公共的事柄にも自らの問題として関心をもち、必要な行為をなす覚悟をもたなければ、存続・発展することを期待することは難しい、そして憲法学（者）もその点に関し意を用いるべきである、と（因みに、佐々木の後の昭和八〔一九三三〕年の京大事件における活動や昭和一八〔一九四三〕年の大政翼賛会は憲法の精神に反するという主張などは、こうした佐々木の思想の文脈でよく理解できるように思われた）。

その頃、筆者は、司法試験考査委員となって五、六年が経っていたが、答案の表現・内容の画一化傾向に当惑し、そのこととも関連して、日本の司法制度のあり方そのものや大学における法学教育の位置づけ方が次第に強く気になり出していた。そして、拙著『憲法』の〔新版〕の準備に取り掛かるべき時期にあった。

二 『憲法〔新版〕』（一九九〇年）における「人格的自律権」の主張とその趣旨

〝ジャパン・アズ・ナンバーワン〟などと持ち上げられる中で、やがて、冷戦構造の終焉、グローバル化の顕在、日本のバブル経済崩壊の危機等その内外の激動の時代を迎えつつある一九九〇年に『憲法〔新版〕』を上梓することになるが、その「はしがき」で、右に触れた『立憲非立憲』の「序」に言及しながら次のように記した。

「今回の新版の基本的な考え方や構成は、旧版と少しも変っていない。ただ、右のような思いは、基本的人権の意義づけに関し、人格的自律権（自己決定権）の視点をより明確に打ち出し、そのような大前提の下に、国民主権に関し、そうした自律的人間の〝生〟を可能ならしめる〝物語〟（narrative）の共有という視点を明確にし……」、と。

ここには、相当な社会変動にかかわる統治（政治）の役割の増大が予想され、国民主権の意味が改めて問われるであろうと考えられる中で、何よりもまず、憲法一一条が「国民は、すべての基本的人権の享有を妨げられない」と定めているその「基本的人権」の意義や保障の趣旨に関し、より明確にしておく必要があるという強い思いがあった。それまでも、「哲学的根拠も何も示さないままに、『人権』を錦の御旗のように振りかざす傾向がある」といった意見や苦情が国民の間に少なからずあるらしいことも、既にかなり気になっていたことではあった。

そしてこの問題に関する筆者の思いは、ある意味ではきわめて単純であった。一人ひとりの人間（個人）が自己の思い・考え方（人生観）に従ってその生を築いていくこと、やや文学的に表現すれば各人は〝自己の生の作者〟であることをお互いに認め合い、そして、協働しながら豊かな良き共生のあり方を追求すること、を約束し合うという道徳（理論）上の大前提があり、憲法が国民に「すべての基本的人権」を保障することはそういう大前提を踏まえてのものと理解すべきものではないか、と。したがって「基本的人権」とは、本来的には、道徳（理論）上各人にそなわる普遍的な権利（道徳的権利）であり、国家の承認をまってはじめて存在するような権利ではないということになる（人権の「自然権」性）。憲法で「すべての基本的人権」を保障するとは、人権のそのような性質の確認の上に、国家機関に対しその擁護を法的に義務づけ、その侵害を禁止する、ということになる。

こうした憲法の趣旨を包括的によく具現している重要な規定は、個人の尊重・幸福追求権に関する一三条と法の下の平等に関する一四条で、そのことはこの二つの事柄がアメリカ独立宣言において〝被治者の同意〟と並んで掲げられているところからもうかがわれるところであって、まさに近代立憲主義の心髄をなす規定と受け止めた。

しかし、一四条の平等の問題は日本の国民（特に法律家）には馴染みのものであるが、一三条の「個人として尊重される」はともかくとして、「生命、自由及び幸福追求に対する国民の権利」は「権利」とはいうものの茫漠としており、さらに、憲法の保障する諸権利・自由が「公共の福祉」によって安易に制限されかねないことへの懸念も加わって、憲法学において何か敬して遠ざけるといった趣もみられた。

そうした状況の中で、一三条の「生命、自由及び幸福追求に対する国民の権利」（以下便宜上「幸福追求権」と略す）を逸早く「存在権」と捉える佐々木惣一説が注目されたが、学説上の拡がりをみせなかったところ、やがて、「幸福追求権」を以て「包括的権利」と捉え、個別具体的諸権利はそこからいわば流出派生するものであり、それらに該当しないが人間の人格的生存にとって重要なものは、「幸福追求権」の補充的保障の対象になると説く種谷春洋説が登場した（こうした点については、本書ⅠおよびⅡを参照）。本書所収のⅡ論文「プライバシーの擁護」は逸早くこうした説に依拠したものであるが、名誉権も理論上当然に同じように憲法問題となりうるし、治療拒否や尊厳死あるいはリプロダクション等々の問題も自己決定権的な憲法上の課題として登場する可能性があると考えていたところ、事態は実際そういう方向に進んできた。

こうした事象に照らす時、近代立憲主義も、現代国家への展開の中で、人間像も国家観も大きく変化させてきたことを改めて思わざるをえなかった。ごく単純に図式化していえば、「完全な個人」を措定するいわば抽象的人間像（ここでは個人の名誉などが直接の憲法問題になるなどとは全く想定されてはいなかった）と消極国家（negative state）観から、資本主義の進展につれて生じた様々な矛盾・困難の顕在化に伴う、人間の具体的な生のあり方に配慮する具体的人間像と積極国家（positive state）・社会国家観への転換である。しかしこの積極国家・社会国家化は、注意を怠ると、容易に権力的・全体主義的支配に人間を屈従させる危うさを孕んでいる。ナチズム・ファシズムという全体主義体制とそれが惹起した第二次世界大戦は、悲劇的なかたちでその危うさを実際に示すものであったといえる。

一九四五年六月のサンフランシスコ会議で採択された国連憲章は、人間の尊厳と人権の尊重をうたい、一九世紀に入って歴史の表舞台から消えていた「人権」観念が第二次世界大戦後の世界秩序と国家のあり方の根本であるとし、各国はその制度的実現に努め、国際社会もそれを支援・助長すべく努力することを明らかにするものと受け止められた。

しかし、ここで復活再生した「人権」観念は、ホロコーストに象徴されるような深刻な悲劇を背景とするものであるだけに、一八世紀的「人権」観念さながらではありえず、「人間の尊厳」という言葉にも象徴されているように、人間存在のあり方そのもの（「人格」）への強い現代的関心に基づくものであったように解された。実際、その後展開される現代人権論とか哲学的人権論と称される人権論（ロールズ、ドゥオーキン、ゲワース等々）は、その感を深くさせるものがあった（なお、拙稿「法における新しい人間像――憲法学の領域からの管見」芦部信喜ほか編『基本法学1　人』（岩波書店、一九八三年）参照）。

こうした展開・諸事情を考慮し、国連憲章発効の翌年に逸早く制定された日本国憲法の解釈論として、一三条の「幸福追求権」を「人格的自律権」と命名してはどうかと筆者は考えたのである。そこには、憲法学を含めての日本国憲法の理解に関し、わが国の戦前の悲劇的経験への警戒心も手伝ってか、公共的なるものの形成・維持の課題への取り組みに総じてやや消極的に過ぎるところがなかったかの自省の念も作用していた（法律学においても、「統治（あるいは権力）客体たる国民」といった表現があまり抵抗感なく用いられることがあった）。そして、憲法制定権力を内実とする国民主権の意義に関し、人格的自律権の享有主体たる人間（個人）の豊かな共生を図るためには何が必要か、どのような努力が「統治主体」というべきわれわれ国民に求められているかにかかわる〝物語〟（narrative）の共有という視点をもたなければならないと説いた。

このような筆者の主張については、当然のことながら様々な評価・批判の対象となった。拙著『現代国家と人権』（有斐閣、二〇〇八年）の第二章はそれに関する一定の対応を含めて論じたものであるが、その後、二〇一五年の公法学会において、駒村圭吾氏が「人格的自律権構想を振り返る――憲法とその外部」と題して、詳細に論評して下さった（公法研究七八号〔二〇一六年〕）。まず、その労と豊かな学識を背景とする鋭くかつ示唆に富む分析と問題提起に厚く御礼申し上げたい。

問題提起は、多岐にわたりかつ根本的なものである。このたびの対応が的確なものになっているかについては、まことに覚束ないものがある。むしろ本稿は、実定憲法の一解釈学徒として、途中からではあったが、特に「憲法制度を吾々の生活から観なければならない」という佐々木惣一の訓戒を咀嚼しながら歩む中で、考え述べてきたことの部分的かつ補足的説明にとどまるものであることをお詫びしておかなければならない。

関連して、ここでもう一つ述べておきたいことがある。これまで道徳（理論）とか哲学的人権論の意義などについて触れてきたが、そうした論と「法」との関係づけのあり方についての問題である。この点についての示唆に富む指摘と受け止めたのは、イギリスの一七世紀初頭にコモン・ロー裁判官コーク（あるいはクックともいう）が国王と対峙して説いたという「法の技巧的理性（artificial reason）」に触れながらの、法理学者フリード氏の次のような趣旨の指摘である。〝哲学は、高い所から下降し、地上二〇フィートの所で止まる議論・考慮の精緻な構造を提案する。この理念と価値の構造を完成し、地上にしっかりと固定するところに法の特殊な役割があり、法は激情と衝突の嵐から現実の人間を守るべく構造を完成するのである。最後の二〇フィートは建物の最も人目を引く部分でもないかもしれないが、不可欠の部分である〟（先に触れた拙著『現代国家と人権』五〇八頁参照）。豊潤な哲学的論議の存在が前提であるが、最終的にはそれを受け止める法解釈のあり方と特にそれに応えうる力をもった司法制度が存在するかどうかが決め手となる。

（書き下ろし）

2　駒村圭吾氏の提起される各種の問いに対する応答

一　「小宇宙としての憲法」構想であるという指摘に関連して

駒村氏は、筆者の「人格的自律権」論に関し、冒頭において、次のように総括される。「人権から統治まで、あるいは、『個々の具体的な生活』から『この国のかたち』までを人格的自律（personal autonomy）によって貫かれたひとつの体系として描き出すこと、しかも、法律専門家には一見法とは無関係に映る一方、しかし強い関心対象ともなってきた善き生の複合を、小さな物語から大きな物語までを射程に入れて、自律的生とそれに対する尊重というひとつのナラティヴで語り切ること、これが、佐藤幸治会員の自律権構想であった」、と。

そして、次のように指摘される。「このように、憲法から飛び出すかのようにして、私生活から社会生活さらには人間存在そのものに至る包括的体系……を構造化しようとする勢いが、この佐藤理論にはあるが、《憲法から飛び出すかのように》見えて、かかる包括的体系を語る際に、佐藤会員がこだわるのはやはり『憲法』である」とし、その例として、さる座談会における次のようなやりとりに注目される。「国家と法の間にあるいわゆる『裂け目』」が話題となり、「非常事態時等でこの『裂け目問題』に直面した際に、佐藤会員はいかなる選択をするのか、最終的には国家を選択するのではないか、に対して、佐藤会員は、『私の立場にあっては守るべきものは憲法です』」と断言した、ということについてである。

こうした筆者の対応は、「憲法」に国家とか国民とか芦部流の自然法とかいった「外部」を「持ち込む」ことに「徹底して慎重であることが如実に現われている」とし、「『個々の具体的生活』から『この国のかたち』に至るあらゆる事象を『憲法』というひとつの小宇宙に体系化すること、そしてかかる小宇宙創世の痕跡を実定憲法典の条文構造の中に発見しようとすること、これが佐藤会員の憲法構想である」、と結論される。

筆者は、いわゆる実定法学者として、日本国憲法の解釈論を行うことを自己の主要な使命と心得てきた。したがって、物事を考えるにあたって憲法、しかも日本国憲法が中心になる習性のようなものが出来上がっている。客観的にみたときに、筆者の憲法学にはご指摘のように映ずるところがあるとすれば、以て瞑すべきではないかとさえ納得するものがあった。

ただ、非常事態時等に関し「守るべきは憲法です」と断言したことを以て、「憲法」に国家とか国民とか自然法とかいったおよそ「外部」を持ち込むことに「徹底して慎重である」と一般化して指摘されると、いささか当惑するものがあった。

まず、非常事態時に関してであるが、筆者は、そこで発動される国家緊急権につき、憲法明文上の規定はないけれども、いわば国家というものにかかわる〝不文の法理〟として肯認されなければならないと解してきた。これを「外部」というのか否か。筆者にとっては、むしろおよそ「国家」というものに内在する事柄ではないかの思いが強かった。そしてこの国家緊急権の発動にあたって、最大の課題は当然のことながら国家の維持と国民の保護であるが、それだけにともすると何をやっても許されるということになりかねず、特に関係者の責任性を確保する上で日本国憲法が基本的に妥当していると解する必要があると考えてきた（多くの場合、その責任追及は事後的にということになろうが。なお、拙著『日本国憲法論〔第二版〕』〔成文堂、二〇二〇年〕参照）。この点、敢えて、「憲法」ではなく「国家」を選ぶと表現して事に当たるということが具体的に何を意味し、何を帰結することになるか、大変気になるものがあった。

因みに、様々な歴史的困難と課題に直面しながらも、イギリスでは三〇〇年以上にわたって近代立憲主義の精神と基本的枠組みが維持され、アメリカでは二三〇年前に制定の憲法が妥当し続けてきたが、その理由は何であったのか明快な答えは持ち合わせてはいないけれども、少なくとも、「国家」か「憲法」かといった問題の立て方をせず、究極的にはあくまで憲法体制の護持のためという一貫した姿勢によるものではなかったかと推断するところがあった。

筆者が「憲法」に国家とか国民とか自然法といった「外部」を「持ち込む」ことに「徹底して慎重である」という指摘に関しもう一つ戸惑いを覚えたのは、憲法という法の特殊性をどのように理解するかの課題との関連においてであった。憲法の場合、その制定（誕生）や規定内容等々が関係して、憲法の理解（解釈）にあたって歴史や哲学あるいは国民の生活の現実の諸局面の実態などについての目配りを欠かせない場合が多い。既に述べてきたところからも推察されるように、駒村氏のいわれる「外部」や「取り込む」を一義的に解することは必ずしも適切とはいえないことを前提とするとすれば、そのいわゆる「外部」に関する筆者自身の理解力の乏しさを十分に自覚しつつも、筆者はその「外部」を「取り込む」ことにむしろ積極的であったのではないかとさえ自ら思うところがあったからである（例えば、プライバシーの権利論や自由な情報流通のための権利〔「知る権利」〕論など）。

ただ、ご指摘に関連して改めて認識するのは、例えば先に哲学と法学との関係に関するフリード氏の所説に言及したが、最終的には司法に受け入れてもらえるような憲法解釈論的構成をいかにして示しうるかという課題の難しさである。

最後に、「小宇宙」という比喩に関してである。この比喩はいろいろな意味合いに理解する余地があるが、日本国憲法の諸規定は相互に密接に関連し合った〝一つの秩序〟であると重く考えようとする筆者の立場からは、十分首肯できる面をもつものであった。

筆者は、かねて、日本国憲法の理解のあり方として、憲法を構成する各部分の相互の関係づけ思考に不足するところがあるのではないかの思いを抱くことがあった。大きな例でいえば、人権保障と統治制度との関係づけについて、従来〝人権保障は人権保障、統治制度は統治制度〟といった切り分け思考が強すぎるのではないかと思うところがあった。この点、伊藤正己氏、芦部信喜氏などによって切り開かれた憲法訴訟論はきわめて重要だと思い、筆者もその驥尾に付してコミットしてきた（例えば、『憲法訴訟と司法権』〔日本評論社、一九八四年〕）。

しかしやがて、「日本の司法がこうも小さくては……」という思いを抱くようになっていった。民事訴訟法学の三ケ月章氏は、既に一九六〇年代に「司法制度の民衆的基礎は、わが国では諸外国にくらべて比較を絶するほどに脆弱である」と指摘していたが（「司法制度の現状とその改革」三ケ月章編『岩波講座　現代法第5』〔岩波書店、一九六五年〕）、一九八〇年代後半の時代状況の中でようやく問題視され、〝二割司法〟説（日本の司法は本来果たすべき役割の〝二割〟しか果たしていない）も唱えられるようになっていた。

しかし、大多数の国民にとっていわば自分とは無縁とも考えられてきた司法（法曹）の姿を、どうしたら変えることができるのか。立憲民主制下にあって、司法（法曹）が国民の誰にとってもその生を真っ当に維持していく上で大いに役立ちうるものであることを理解してもらえるよう、まずは政治や職業として法の定立・運用に直接関係する人々による努力の積み重ねが必要なのではないか。憲法学に携わる一人として、自省の念も含めて様々な思いを抱かざるをえないものがあった。

司法を国民に近づける途として、いわゆる国民の司法参加がある。日本の憲法学は総じてこれにも消極的であったが、司法の国民的基盤の強化の観点から、陪審制であれ参審制であれ、なんらかのかたちでの国民の司法参加が必要ではないかの思いも次第に強くしていた。

いわゆる「司法改革」についてここで立ち入ることはしないが、司法制度改革審議会設置法案の審議に関係して参議院法務委員会に参考人として出席した際（一九九九年）、中村敦夫議員が、司法の容量拡充とか裁判での法的扶助等々の制度改革は重要であるが、「国民の側の問題が抜けているのじゃないか。かなりの数の国々を私は旅し取材しましたけれども、司法と国民の生活がこれほど乖離している、なじみない国は特に先進国では珍しい」と、国民の司法参加の重要性を説かれたのが今でも強く耳に残っている。

二　国民主権の意義などに関し、「自律的人間の〝生〟を可能ならしめる〝物語〟（narrative）の共有」などと何故ことさらにいう必要があるのかの指摘に関連して

駒村氏は、筆者が、「自然法などの『外部』に安易にたのまず、いかにして憲法的世界を組み立てる」かについて採った戦略は、「〔筆者〕が唱える自律的生に関する『道徳理論（moral theory）』はそれ自体では憲法の外部に存するはずであるが、かかる道徳理論の外部世界と〝憲法の自己完結性〟を憲法制定権力』に依拠して統合する」というものであった、とされる。駒村氏が指摘されるように、筆者は、法の根拠をいわゆる根本規範や自然法などに求めることはせず（その名にふさわしい内容・性格が確たるものではないという理由）、「憲法は、基本的にはそれぞれの国家の人間（憲法制定権力者）の意思行為の所産」と理解してきた。

そうだとすれば、と駒村氏は問われる。憲法制定権力者が原初的決定として人格的自律権に関する道徳理論を憲法内在的視点から導入したといえば済むはずではないか。〝物語〟という語は本来曖昧で、とかく「固有の文化」とか「伝統」などという閉塞してゆく方向になりがちで、そういう言葉を敢えて使う必要があるのか、と。

確かに、〝物語〟という語には、曖昧で指摘されるような面があることは否定できない。しかし、ここで〝物語〟という語を使用したのには、次のような事情・背景があった。一九八三年当時個人的に講読していたHarvard Law Review掲載のカヴァーの“Nomos and Narrative”と題する論文の冒頭の一節から受けた強い印象である。

「いかなる法的制度や法規の集まりも、それを位置づけ意味を付与する物語から離れては存在しえない。十戒のそれぞれに一つの法典があるように、あらゆる憲法には叙事詩がある。ひとたび法をそれに意味を与える物語の文脈で理解するとき、法は遵守されるべき単なる規則の体系ではなく、我々の生きる世界となる」（ここでは、江藤祥平『近代立憲主義と他者』〔岩波書店、二〇一八年〕の訳による）。

本論文の論述内容はユダヤ教などにも深くかかわる難しいもので、後に江藤氏の研究により少しはよく理解するようになるのだが、ごく表面的な理解にとどまるにすぎないこの段階において既に十分に刺激的であり、上述のような八〇年代後半のわが国の時代状況の中で、その意味をより強く実感するようになっていった。

既に触れたように、日本国憲法は、深刻な悲劇を省察する人類のいわば文明史（論）的転回の時代に、逸早く周知のような道程を辿って制定された。成立した憲法前文には、「日本国民は、……われらとわれらの子孫のために、諸国民との協和による成果と、わが国全土にわたつて自由のもたらす恵沢を確保し、政府の行為によつて再び戦争の惨禍が起ることのないやうにすることを決意し、ここに主権が国民に存することを宣言し、この憲法を確定する」（傍点筆者）とうたわれた。そして、アメリカの独立革命やフランス革命あるいはカール・シュミットの所説なども念頭におきつつ、新しい憲法を制定しようとするこのような事態は、国民（人民）が「憲法制定権力」を発動して新たな憲法秩序を創出しようとする事態であると憲法学説を中心に広く理解された。かかる事態は、日本の歴史に照らせば、まさに革命的と称すべきものであった（一九四五年八月にポツダム宣言受諾とともに天皇主権から国民主権への変動があったとするいわゆる「八月革命説」（傍点筆者）は、それを象徴するものであった。但し、「八月革命説」（傍点筆者）の是非は、ここでは触れない）。

　では、「憲法制定権力」とはそもそもどのようなものであるのか。もし一枚岩的な全体性であるとすれば、いったん成立した自由・人権を尊ぶ法秩序にとって危険極まりないものとなりうる。「憲法制定権力」は日本国憲法の制定という瞬間に永久に「凍結」されるという説が登場したのも（樋口陽一）、十分理解できるところであった。とはいえ、「凍結」を〝担保〟するものは何かの問いはなお残る。

　そこでまず筆者に思い浮かんだのは、先に触れたカヴァーの〝物語〟（narrative）論であった。憲法の制定は制定、その結果である法典は法典、というようにいわば切り離して理解するのではなく、新しい憲法の制定に及ばなければならなかった歴史（ファシズムと戦争）、新しい憲法の具体的な制定の道程およびその結果として誕生した憲法典の内容、さらには制定後の展開に対する希望・覚悟等々を有機的に関連づけた〝物語〟として理解できるようにすることが肝要ではないか、と。

社会を構成する様々な要素や出来事も、断片的な知識の域にとどまっては〝力〟とならず、〝物語る〟という行為を通じてはじめて意味のある要素や「経験」となるのではないかと考えたのである（因みに、拙著『憲法（新版）』の数か月後に出版された野家啓一「物語行為論序説」市川浩ほか編『物語（現代哲学の冒険八）』（岩波書店、一九九〇年）に、「経験を伝承し共同化する言語装置をわれわれは『物語』と呼ぶことができる」、「経験は物語られることによって初めて経験となる」とあることに大変勇気づけられた）。自らナチスの直接的犠牲者にして戦後全体主義に対する真剣な思想的闘いを続けたハンナ・アレントが、〝物語ること〟の積極的な意義を様々な文脈で説いていることも、このように考える支えとなっていた。

そして先に引用した憲法前文には、「われらとわれらの子孫のために」（傍点筆者）とあり、さらに加えて、九七条には、「この憲法が日本国民に保障する基本的人権は、人類の多年にわたる自由獲得の努力の成果であつて、これらの権利は、過去幾多の試錬に堪へ、現在及び将来の国民に対し、侵すことのできない永久の権利として信託されたものである」（傍点筆者）、とあることにも注目されるところである。

このような内容をうたう「憲法制定権力」とは、いかなる存在であろうか。近時、国民（人民）主権、憲法制定権力は本来的に他者関係的なものであったことが明らかにされ、その意義が強調されるようになってきているが（特に、江藤祥平「主権と他者」法学教室四四〇号〔二〇一七年〕、同・前出の『近代立憲主義と他者』など参照）、最近、経済学者の次のような文章に接した。「『いま、わたし』に関心を集中させがちなデモクラシーの社会にとって、最終的に重要な柱となるのは、『未来、他者』に思いを致す公共精神だ。その公共精神は想像力を必要とする。それは宗教的感情と同じではないにしても、きわめて近い感情だ」（猪木武徳『社会思想としてのクラシック音楽』〔新潮社、二〇二一年〕）。

なお、物語論に関連した随想として、次の3(i)をお読みいただければ幸いである。

三 「人格」「人格的自律権」に何故かくもこだわるのかの指摘に関連して

駒村氏は、「自律的人間の〝生〟を可能ならしめる〝物語〟（narrative）の共有」という表現にも強くうかがわれるように、筆者の論の基盤をなすのは「人格的自律権のターム」にあり、「《自律的生》、《自己の生の作者》、さらには《幸福追求権》に対するこだわりの中に……〝善き（良き）生ないし社会の形成発展〟に対する強い関心を潜在させていることが見て取れよう」とされる。

その上で、人格的自律権構想の基礎はpersonal autonomyの道徳理論であるが、このpersonには、ロックが統治論を語る際に用いた「身体」としてのperson論もあり、例えば、身体の自己所有を根源的な個人権として継承するノージックの所説をはじめリバータリアニズムなどが存し、その方向において日本国憲法の人権体系を最小限国家論的に再解釈することも全く不可能とはいえないのに、何故《身体的自立》ではなく《人格的自律》なのか、を問われる。

ノージックの論は、その主著『アナーキー・国家・ユートピア』のタイトルが示唆しているように、本来思考実験的な性格をもち、現代国家の福祉（社会）国家性を全面的に否定しようとするもので、筆者にとり日本国憲法が拠って立つ規範的世界とは異質的に過ぎると判断された（法哲学の領域などでも、その主張の一面性を指摘する傾向があるように見える。田中成明『現代法理学』（有斐閣、二〇一一年）参照）。

筆者が「人格的自律権」と称するに至った時代の一般的背景に関する認識については既に述べたが、さらにそこには、ごく初歩的な理解にとどまるとはいえ、カント哲学や西田哲学への関心ないし配慮のようなものがあったことは否定しない。

カント哲学については、『憲法〔新版〕』執筆当時、人間理性を「理論理性」と「実践理性」とに分け、前者は自然的世界、後者は道徳的世界に妥当するものとし、霊魂の不死・自由・神の存在というような従来の形而上学上の問題は人間の認識能力を超えていて前者によっては解けないが、後者の課題として制約が要請されるとしたことなどを、大まかに理解していた。その際、実践理性の関係で登場する定言命法とその厳しさに、一種の抵抗感ないし違和感のようなものを覚えるとともに、英米で展開してきた自然権観念とは何か異質の要素をもつように感ずるものがあった。

この点、学生時代に西田幾多郎の『善の研究』を読み、きわめて難解とは思いつつも何故か関心をもち続け、あの「純粋経験」がすべての出発点であることを少しは理解するようになった。その西田が、カントと同じく、他人の「人格」を認めることによってはじめて「我」となると考えつつ、カントにあってはそこに「義務」が介在するが、自分は「愛」こそが人格成立の根本条件と考えていると述べていることを何かの折に知り、「人格」観念の重要性と同時に、西田哲学の特徴に触れたように思ったことを記憶し続けることになる〔なお、その後、小坂国継『西田幾多郎の思想』〔講談社学術文庫、二〇〇二年〕、田中裕編『西田幾多郎講演集』〔岩波文庫、二〇二〇年〕などによって、カント哲学との違いや特徴などをより詳しく知ることになる〕。

筆者の「人格」という言葉へのこだわりのさらなる理由を付け加えれば、まず、研究生活に入った頃、何かのきっかけで「人格」に相当するラテン語の「ペルソナ（persona）」に出会い、それが「per-sono」から出た語で sono は響くとか共鳴するという意味をもち、人間は共鳴することをもって本来の姿とする謂であると知り、妙に深く納得することがあったことに触れておかなければならない。そして、その思いをさる新聞の小論で記したことがあった（一九六六年）。

駒村氏は、この小論、特に「人間の真の実存は『神』と共鳴する点にある」という文章に注目し、「これは、ある種、〝三位一体説的な人格概念〟を連想させる謂いであり、共鳴や語りかけとそれへの応答の対象が、他者一般ではなく、『神』であるなら、逆に主体の孤立性を高め、むしろ人格を関係概念として成立しにくくさせるのではないかと懸念される」、と指摘された。

ご指摘はごもっともで、筆者の文章がいかにも舌足らずにして注意不足であったことを反省している（当時、キリスト教的神を主として念頭においてはいたが、それに限る意図では決してなかったし、また、「ペルソナ」とキリスト教との関係は大変複雑で容易に理解できるようなものではないらしいことは承知していた）。今であれば、人間同士が語りかけそれに応える関係は、重要な事柄であればあるほど、最も深いところで〝人間社会の成立・存続を支える根源的なるもの〟によって支えられる必要があろうといった趣旨を述べることになろう（二の最後のところで触れた、「公共精神は想像力を必要とする。それは宗教的感情と同じではないにしても、きわめて近い感情だ」〔猪木武徳〕と相通ずる趣旨である。なお、最近では、人間の生を身近な生活から見つめつつ宗教の意義を明らかにする上田閑照『宗教』〔岩波現代文庫、二〇〇七年〕が興味深かった）。

なお、「ペルソナ」に関しては、さらにもう一つ是非触れておかなければならないことがある。それは、比較的早い段階で、ハンナ・アレントの著書を通じて、「人格」を意味する「ペルソナ」が古代の役者たちが舞台で着用した「仮面」を意味し、そしてこの「仮面」は一つは役者自身の素顔を隠すため、他の一つはこの仮面を通じて声を響かせ、演劇の進行に参加するため、つまり、役者たちは素顔を隠すこの仮面によって自由の空間を得、そのような存在として演劇に参加したのであって、このペルソナが法律用語に移されたのはこの二重の意味であった、ということを知ったことである〔アレント〔志水速雄訳〕『革命について』〔合同出版、一九六八年〕〕。アレントは、フランス革命があのような悲惨な事態に陥ったのは、革命の人々がこのペルソナの概念をもたなかったためと述べているが、本書Ⅱの論文は、このことを紹介して、われわれの生きる現代の国家・社会の生活環境の中で、自由を核とする人間の自律的存在性を確保すべく、「『人格』の復権」を図らなければならないと強く訴えるものであった。

四　「自己の生の作者」と「人格的自律の存在」とは果たして両立・整合しうるのかの指摘に関連して

駒村氏の問いはいろいろな面にわたっているが、最後に、「自己の生の作者」といった〝実存的〟事柄は、「人格的自律の存在」（人格的自律を考究した偉大な先達が切り開いた世界）と両立しうるのか、否、むしろそう簡単に両立・整合するとは考えにくい、という根本的な疑問に応接することにしたい。

駒村氏は、こういわれる。「この先達が切り開いた世界にならえば、合理的判断主体の自律性は、彼が自然的因果法則（自己の欲望や希望から受ける支配も含まれる）を自ら断ち切って道徳法則の支配する世界に入り得るからであり、そうであるからこそ、自由を必然的前提として措定し、その自律性が尊重されることになる。つまり、道徳的世界で、人は、定言命法のもと普遍主義的要請に従って生きるとされ、自律的選択主体として、自己の生が特殊な善の構想にすぎないかどうかを吟味される〝普遍の審級〟があることを知る主体である。対して、自己の生の作者は、『自己の生』であるがゆえに特殊的な位相にとどまるにすぎない善き生き方の構想について、その公的な承認を全力で求めてくるであろう。しかし、自律的選択主体が道徳的であろうとすれば、特殊な善き生き方の構想を常に仮象的なもの：schein に過ぎないものとみなして、むしろ自己のアイデンティティから剝ぎ取らなければならない」。

いささか長い引用となったが、駒村氏は、筆者がカント哲学に一定の距離をおいていることを認め、また、長谷部恭男氏が指摘するようにカント自身それを必ずしも徹底させていない様子があることを認めつつも、人格的自律権の基礎には personal autonomy の道徳理論があるはずとして、こうした根本的疑問を呈される。

正直にいって、この疑問・問いに正面から答えることは難しい。強いていえば、筆者が研究生活に入り継続してきた動機のようなものが奈辺にあったのかということとの関連で説明するほかないように思える。

一つには、日本国憲法が基本的なものを受け継いだ合衆国憲法、とりわけ司法審査制（違憲立法審査制）を着想したいわゆる建国の父祖たちの政治観と哲学を詳しく知りたいということがあった。極めて不十分なものではあったが、筆者の最初の論文（「司法審査とデモクラシー」〔一九六四年〕）はその所産であった。その後、特にハンナ・アレントの前述の著書に多くのことを学ぶが、合衆国憲法のその後の展開を参考にしながら、日本国憲法の法的性格をいかに確かなものにするかに微力を注ぐことになる。上述のように筆者も憲法訴訟論に取り組んだのはその現れであるが、やがて、国民の権利の実現・救済を通じて正義の実現にかかわる司法（法曹）がより実効的にその役割を果たし、三権の一翼を担うによりふさわしい存在となるために何が必要かに関心を強めていくことになる。

二つには、二〇世紀に入り何故全体主義、とりわけイデオロギーと暴力（テロ）を含むあらゆる手段を使って人間性（人格）を徹底して破壊したナチズムのようなものが生じたのかと強い危機感を抱き、「人格」の保全に不断の注意を払う必要があると考えてきたことである。先に、「人格（ペルソナ）」への筆者の早くからのこだわりに触れたが、アメリカ留学から帰って翌年（一九七〇年）に本書収録のⅡの論文「プライバシーの擁護」を書くことになり、現在も筆者にとり最も重要な課題であり続けている。

三つには、こうした時代であるだけに、「基本的人権」の保障の趣旨を、できるだけ多くの人に理解していただけるようにしたいということであった。漠然としているだけに、最も難しい課題である。あれこれ考えて結局到達したのが、「自己の生の作者」論、そして法律論的には「人格的自律権」論であった。以下、その経緯について若干述べることにしたい。

一九世紀に入って歴史の表舞台から消えていた人権観念が、ホロコーストを伴う全体主義の深刻な悲劇を背景に人間性（人格）の回復という課題と結びついて復活した時、カント哲学に広い関心が向けられることになったのは当然のことであったといえよう。

しかし、少し立ち入って考えれば、いわゆる「普遍的道徳法則に基づく意志＝自由な意志＝自律というカントのテーゼ」（土井真一）が、歴史的に展開してきた「自然権」観念とはどのように結びつくのか、むしろそれは、人がそれぞれの人生観を抱いて現実世界を生きている姿と調和しにくいところがあるのではないかとさえ思わせるものがあった。

この点に関連して、現代人権論の代表者の一人と目されたゲワースが、価値の源泉を外にではなく個人に求め、しかも人間の行為の自発性と目的志向性という内発的なものから出発しようとしていることに強い共感を覚えるものがあった（拙著『現代国家と司法権』〔有斐閣、一九八八年〕のⅧ参照）。

先に、研究生活に入った頃、「人格」の語源である「ペルソナ」が響くとか共鳴するとかいった意味をもつことに興味を抱いたことに触れたが、このゲワースの論などに接して、それは一人ひとりの存在が固有の自律性（自律の固有価値性）をもつが故であることをより深く自覚することでもあった。

そんな中、半ば偶然にタイトルに惹かれて読んだ英文の文献（Robert B. Young, Personal Autonomy: Beyond Negative and Positive Liberty（1986））において、「自律とは、普遍的に妥当する道徳原理に従って自ら律すること」とする、「恐らく最も哲学的に影響力のあるカントの説」は狭すぎると明言し、まさに“Personal Automy”が正面から展開されているのをみることになる。それは、消極的自由と積極的自由のいずれが大事かといった専門家の間でよく行われてきた次元を超えて、人がそれぞれの考え（人生観）に基づいて「自己の世界・生」を築いていくことができるということ、これこそが最も基本にある事柄であると説くものであった。“to be autonomous is to author one's world”, “to author one's world is to shape and direct one's life”と表現されていた。

筆者はこれに共感し、日本国憲法の保障する「基本的人権」には、いわば〝自己の生の作者〟

である各人は、そのことをお互いに認め合い響き合う中で、協働しながら豊かな良き共生のあり方を追求することを約束し合うという道徳〔理論〕上の大前提があるとし、そして筆者固有の「人格」へのこだわりを込めながら、憲法一三条の「生命、自由及び幸福追求に対する国民の権利」をもって「人格的自律権」と命名することにしたものである。

以上のような次第で、筆者の人格的自律権は直接的にカント哲学によるものではない。しかしどこかで深遠なカント哲学に関連して考えるべきものが種々ありうるところで、本稿で立ち入る余裕はないけれども、実際様々な研究・言説から貴重な教示に与ってきている〔例えば、カント研究者の中村博雄「カントの『実践的目的論』による『公共の福祉』〔日本国憲法一三条〕の哲学的解明」日本カント協会編『日本カント研究3　カントの目的論』〔理想社、二〇〇二年〕は、筆者の論などについて、カントの道徳論〔人格論〕との関連性が意識されていると受け止めつつ、カントは確かに当初は道徳における義務の定言的な側面を前面に押し出し、その厳格性を強調していたが、第三の批判書である『判断力批判』〔一七九〇年〕によって大きく変わったことに注意を促された〕。

ここでは、「自己の生の作者」論は「人格的自律の存在」とは果たして両立・整合するのかの駒村氏の問題提起に絞って応答することにしたい。まず第一に、右にみたように、カント自身晩年において大きく変わったのではないかということを指摘しておきたい。第二に、「自己の生の作者」論は、実存主義的な特異な表現というよりも、それなりの一般性をもっているのではないかを指摘しておきたい。

ごく最近、右に言及した中村博雄氏により『フリートレンダー／ミュノーナ研究――忘れ去られた二〇世紀の哲学者の自我論と平和論』（デザインエッグ、二〇二三年）をお送りいただいた。ザーロモ・フリートレンダー（ミュノーナはペンネーム。一八七一～一九四六年）は、若い時からカントの熱心な研究者であったが、ナチスの暴虐を逃れてパリの安アパートで極貧の亡命生活を送りながら懸命に思索を重ね、「自我を王座につける」こと、「現象界の事象に右往左往しない〝確固とした不動の一点〟（自我）に立脚点を置」くことを説く「自我‐太陽中心（ICH-Heliozentrum）」論を展開したが、その中で、「自我‐太陽中心として初めて、人間は、〔……〕言わば創造的に生きる（shöpfenisch leben）ことができる」といい、「生という書物（das Buch des lebens）」の「著者〔作者〕（Autor）」になれる、と示唆しているといわれる。なお、これに関連した随想として、次の3(iii)も参照していただければ幸いである。

（書き下ろし）

3 「人格的自律権」にかかわる随想文

(i) 「物語(narrative)」の意義

時代状況なども関連して、昔読んだ小説などを取り出してあれこれ考えることが増えた。その一つに、井上靖『崑崙の玉』に収められた「聖者」と題する説話がある。

天山山脈の北側にある二つのアラタウ山脈に挟まれた草原に、サカ族の一氏族三千ほどが帳幕を営む聚落があった。そこは定住地の条件は備えていたが、欠点は泉が一つしかないことであった。泉にはその鍵を預る「聖者」がいて、住民がその水を汲める時間は限られていた。汲める水は、首長から牧夫に至るまで、一日、定められた大きさの甕《かめ》一杯とされていた。甕一杯が住民一人が一日自由にできる水の量で、水に関する限り上から下まで平等であった。泉は神の宿る処、祭壇であった。聚落は久しく内紛は存しなかった。

ある年、二十何年か前の嬰児の頃他氏族の人質として取り上げられていた者が立派な若者として帰ってきた。若者は、住民が敬虔に接する「聖者」の前で聚落の定めに従う宣誓をした。しかし若者には、その「聖者」は廃人のような老人にしかみえず、泉を神として崇めるのは甚だ奇異に映じた。若者は、泉をもう一つ掘ることや一人二杯とすることなどを提案し、さらには「聖者」は敬するというよりも憐れむべき存在ではないかとまで口にするようになり、人々の反感を買い多勢の男たちに殴られ、聚落から離れた草原に放り出された。が、辛うじて一命をとりとめた若者は、一年後、三百ほどの騎馬の頭領として聚落を襲撃した。聚会が開かれ、古老たちはなす術なく若者の要求を吞み、若者の権力体制が成立した。

甕は二杯に三杯にとなる中で、聚落は活気を呈し、他氏族との交流も盛んになるが、やがて聚落の紀律は弛み、他氏族との武力衝突も生じるようになっていった。そんな状況が進む中で、泉の底に沈んでいた〝青い石〟が露出し、人がその石に乗って水を汲むようになった。そしてある日突如その石が大きく傾き、おびただしい水が噴出し、またたく間に盆地の多くの聚落・住民を吞み込んで湖（琵琶湖の十倍ほどのイシク・クル湖）が生成した。不思議に生き残ったわずか五人の中の一人が「聖者」で、老人は〝青い石に触るな、青い石は神の石〟といつもの言葉を繰り返し呟いていたという。

小説は、湖の生成について、十万年ほどの昔という考古学者の説を信じるか、往古から湖畔の住民の間に伝承されている一篇の説話を信じるか、人それぞれに任せるより仕方がないと結ばれている。

この小説で井上は何を訴えようとしたのか。もとより様々でありうるが、同書の「解説」で佐伯彰一が指摘するように、「老人と青年、無為と行動、因習と革新にかかわる世代ギャップの物語」とも受けとれ、「老いぼれた無力な『聖者』の姿が示すように、『聖なるもの』自体の形骸化も描きこまれている」。私にとり衝撃的なのは、「聖なるもの」による共同体も、状況次第で、力と目先の現実的利益の前にいかに脆くあっという間に崩壊してしまうかである。いずれにせよ、井上が究極的に訴えようとしたのは、佐伯の次の一文に尽きるように思う。「『聖なるもの』はそれ自体として無力であり、しかもしばしば形骸化し、空無化しがちである。にもかかわらず、『聖なるもの』の破壊、切除は、ほとんど確実にその社会の崩壊をもたらす」。

この趣旨には抗いえないものを感ずるが、自由と平等を基礎とするデモクラシーを経験してきた近・現代人にとって、その前提状況は受け入れ難い。水に関する規範の根拠・内容はおよそ聚落民の議論の対象とはなりえず（〝青い石云々〟の「聖者」の呟きは聚落民には分からない他氏族の言葉であった）、それと異なる主張をしたというだけで若者を殴り倒して草原に放り出す（それは通常、死を意味した）というような行為は到底容認できないであろう。

しかし課題は、そのデモクラシーが自由や平等を踏みにじる全体主義・専制主義へ滑り落ちる可能性を絶えず抱えていることである。山本七平は、戦前天皇機関説に対する批判攻撃の火蓋を切ったのが貴族院議員菊池武夫の議会の議場におけるそれであったことに注目し、次のように述べたことがある（『文化会議』）。君主制は民衆によって倒されるが、民主制が民によって倒されることは理屈上ありえない。倒れるとすれば、「議会の自殺」による（イタリア議会がファシスト独裁法を、ドイツ議会がナチス授権法を可決したのも、その例）、と。なお、山本は「自殺」ではなく「野垂れ死に」もありうるとするが、例えば権力者による議会の軽視・侮蔑が続き、議会に対しまともな説明を全くしようとせず、世論がそれを格別問題視しない状況が現出・継続すれば、そうした事態もありえよう。とすれば、結局事は国民自身の問題ということになる。

「プラトンの『国家』」を論じた小林秀雄は、「政治」は「力の関係で成立つ」として次のようにいう。「力が平等に分配されているなら、数の多い大衆が強力である事は知れ切った事だが、大衆は指導者がなければ決して動かない。だが一度、自分の気に入った指導者が見つかれば、いやでも彼を英雄になるまで育て上げるだろう。権力欲は誰の胸にも眠っている。民主主義の政体ほど、タイラントの政治に顚落する危険を孕んでいるものはない」（小林秀雄『考へるヒント』〔文藝春秋、一九六四年〕）。

やや単純化にすぎる断定の感もないではなく、こうした現象の生じる背景や理由を考える必要があるが、近時、かかる現象は民主主義国家の代表格というべきどこかの国で生じた（そしてその実態は今なお続いている）ことであり、厄介なのは、現今の時代状況下にあって日本を含め他の国々にとっても無縁なものとはいい難いところがあるということである。

経済学の猪木武徳『社会思想としてのクラシック音楽』（新潮社、二〇二一年）に、次のような滋味に富む一節がある。「『いま、わたし』に関心を集中させがちなデモクラシーの社会にとって、最終的に重要な柱となるのは『未来、他者』に思いを致す公共精神だ。その公共精神は想像力を必要とする。それは宗教的感情と同じではないにしても、きわめて近い感情だ。宗教的根拠のない道徳は不確かであり、道徳的なベースを持たない自由は、時に人間社会を脅かす全体主義や画一主義、ポピュリズムを生み出す」。

私は、佐々木惣一の憲法学とその実践的志向に促されて（この点に関し、『有信会誌』七三号〔二〇二一年〕参照）、まず、日本国憲法の保障する基本的人権の意義づけに関し、基本的に道徳理論（moral theory）によって基礎づけられる人格的自律権という視点に立つことを明らかにした（近時、さらに、人間に本来的に備わっているはずの憐憫の情・惻隠の情・助け合いの精神といったものの意義にも注目している）。そして、憲法制定権力を内実とする国民主権の意義に関し、そうした人格的自律権の享有主体たる人間（個人）の豊かな共生を図るためには何が必要か、どのような努力がわれわれに求められているかにかかわる〝物語（narrative）の共有〟という視点が大事であると説いた。

日本では、まず、「道徳」や「人格」という言葉は独特の反応・批判を招きやすいが、一人ひとりの人間（個人）が、自由・自律という尊厳性を表象する「人格」主体、「権利」主体として（端的にいえば、人格的自律の存在として）懸命に生きることに本質的価値を認め、そうした個人が豊かな共生を目指してお互いに認め合い・助け合うための〝善き社会〟をどのように築いていくかを正面から課題とすべきではないか、という思いによるものであった。

とはいえ、さらに、何故敢えて〝物語（narrative）の共有〟といった表現をするのかと問われるかもしれない。〝物語〟がイデオロギー的支配の道具になった例を知らないわけではなかった。しかし、例えば、野家啓一論文によって、「経験は物語られることによって初めて経験となる」こと、「『物語』概念が『イデオロギー批判』の装置としても機能しうるということを、一見反時代的ともいえる柳田国男の叙述の中から学び」とれること、といった教示が貴重な助けとなった（同「物語行為論序説」市川浩ほか編『物語（現代哲学の冒険八）』）。そして、日本での憲法理論が「他者」を欠いていることを批判する『近代立憲主義と他者』の著者（江藤祥平）から、私の見解が「従来の人権論が単に『人間であること』のみを根拠としていたのに対して、徹底的に自己を問うことで、他者との関係性にまで行き着いている」と評していただくことになった（「〈公〉の過少と過剰——国家と個人の狭間で」全国憲法研究会編『憲法問題三一』）。

ハーバード大学教授グリーンブラットの『暴君——シェイクスピアの政治学』（河合祥一郎訳）

は、「秩序、礼儀正しさ、人間としての品位といった基本的価値観が崩壊」するとき、暴君台頭への道が開かれ、結局熱烈な支援者も含む多くの国民が悲劇の犠牲者になることを示唆している。日本国憲法九七条は、「この憲法が日本国民に保障する基本的人権は、……現在及び将来の国民に対し、侵すことのできない永久の権利として信託されたものである」と述べ、「いま、わたし」だけでなく、「未来、他者」にもかかわることを示唆しているが、冒頭の「聖者」の説話にみられるように、われわれが〝青い石〟を踏みつけることにならないようにと祈る日々である。

（二〇二一年、ゼミ会誌）

(ii) 司法制度と法教育への期待

司法制度改革審議会意見書（二〇〇一年）は、冒頭で、審議会に託された任務について次のように述べている。近代の幕開け以来の苦闘に充ちたわが国の歴史を省察しつつ、「法の精神、法の支配がこの国の血肉と化し、『この国のかたち』となるために、一体何をなさなければならないのか」、「日本国憲法のよって立つ個人の尊重（憲法第一三条）と国民主権（同前文、第一条）が真の意味において実現されるために何が必要とされているのか」を明らかにすることにある、と。

日本国憲法に至って、法制度上は司法権の強化が図られたが、実際には、明治憲法下の〝小さな司法〟的思考が持続し、司法が多数の国民にとって縁遠い状況が続いた。法律学が、高度の専門性の中に閉じ籠る傾きがあったことも否めないであろう。いわゆる先進国の中で、「司法の民衆的基盤がこれほど弱い国はない」（三ヶ月章）、「司法が国民にとってこれほどなじみない国は珍しい」（中村敦夫）などと評されることにもなった。

そうした中で、一九八〇年代後半の頃からグローバル化の波が押し寄せ、バブル経済の崩壊など、日本は深刻な困難に直面し様々な改革が試みられることになるが、いわばその最後の要として着手されたのが司法改革であった。その趣旨を一言でいえば、今度こそ司法を国民の身近にあって頼りがいのある大きな存在とし、日本の統治制度をよりバランスのとれたものにしようということであった、と私は理解した。

司法の容量拡充や法律扶助制度・法テラスの創設等々を図る一方、国民の司法参加の途を開いたのは、そうした配慮によるものである。意見書が国民の「司法教育の充実」を求めたのはその帰結であるが、その趣旨は、当然のことながら、子どもたちの教育の場が、「みんなとともに自分らしく生きることのできる社会」（土井真一）とするために法がどのような役割を担っているかを実感できるようないわゆる「市民教育」「主権者教育」の場になってほしい、という強い期待を含むものであった。

教育の場が「不当な支配に服する」ようなことがあってはならない（教育基本法一六条）ことは当然であるが、従来、不当な支配にあたってしまわないかを気にかけるあまり、教育現場が萎縮し、「市民教育」「主権者教育」を十全に行いえないところがあったのではないか（例えば、『月報司法書士』五六七号〔二〇一九年〕の「特集　主権者教育について考える」参照）。もっとも、それは、立法・行政という〝政治〟に比して、法の支配を中心的に担う〝司法〟が小さすぎたことを考えれば、やむをえない結果であったのかもしれない。

しかし、教育改革の流れと司法改革の流れとが影響し合う中で、関係する諸機関と志をもった方々の懸命なご努力によって、「法教育」の重要性についての認識が深められ、二〇一〇年の「法と教育学会」の誕生とも相俟って、貴重な成果がもたらされてきていることに、関係者に対し心からの敬意と感謝の意を表したい。

司法制度改革推進本部顧問会議は、二一世紀の日本を支える司法として、①国民にとって身近でわかりやすい司法（Familiar）、②国民にとって頼もしく、公正で力強い司法（Fair）、③国民にとって利用しやすく、速い司法（Fast）、という三つのFの司法を目指すとしたが、司法（法曹）が国民のより実効的な権利救済の実を上げていくならば、それは何よりも「法教育」を勇気づけるとともに、ひいては、従来のような単純な公私の区別とは違った、より豊かな公共空間を築いていくであろうと期待するものである。

（二〇二一年、法と教育一一号）

(iii) 「みんなとともに自分らしく生きることのできる社会」（土井真一）に関連して

この表題は、平成一五（二〇〇三）年に法務省に設置された法教育研究会の座長として、一年余りの審議を経て、報告書「我が国における法教育の普及・発展を目指して――新たな時代の自由かつ公正な社会の担い手をはぐくむために――」を取りまとめられた土井真一氏が、好んで用いてこられた表現である。立憲民主制下の「社会」の理想、そこにおける「法」の目的・役割を表現するのに、これ以上に的確かつやさしい表現はないように思う。

私は、一九八〇年代終わり頃から、人権に関し、〝自己の生の作者〟、〝人格的自律権〟といった表現を用いて語るようになり、『憲法〔新版〕』（青林書院、一九九〇年）において、その趣旨を明確に打ち出すとともに、国民主権に関しそうした自律的人間の〝生〟を可能ならしめる〝物語（narrative）〟の共有という視点を明確にした。

グローバリズムの進展、そしてバブル経済の崩壊も現実化しそうな当時にあって、政治の役割（国民主権の意義）が深刻に問われることになることが確実に予想される中で、まず何よりも憲法一一条が「国民は、すべての基本的人権の享有を妨げられない」としているその「基本的人権」

の意義に関し、一般の国民に分かりやすく表現しつつ、その保障をより確実なものにしておきたい、という強い思いがあった。私流にそれを簡潔にいえば、次のようになる。

一人ひとりの人間（個人）が自己の思い・考え方（人生観）に従ってその生を築いていくこと、やや文学的に表現すれば各人は〝自己の生の作者〟であることをお互いに認め合い、そして協働しながら豊かな良き共生のあり方を追求すること、を約束し合うという道徳（理論）上の大前提があり、憲法が国民にすべての「基本的人権」を保障するとはそういう大前提を踏まえてのものと解すべきである、と。したがって「基本的人権」とは、本来的には、道徳（理論）上各人に備わる普遍的な権利（道徳的権利）であり、国家の承認を待ってはじめて存在するような権利ではないということになる（人権の「自然権」性）。憲法で「すべての基本的人権」を保障するとは、人権のそのような性質を確認した上で、国家機関に対してその擁護を法的に義務づけ、その侵害を禁止する、ということになる。

こうした憲法の趣旨を包括的によく具現した重要な規定は一三条と一四条であり、そして、一三条の「生命、自由及び幸福追求に対する国民の権利」（以下便宜上「幸福追求権」と略す）をもって「基幹的人格的自律権」と把握した。

こうした私の主張は、当然のことながら様々な評価・批判の対象となり、とりわけ二〇一五年の公法学会における「人格的自律権構想を振り返る――憲法とその外部」と題する駒村圭吾会員の研究報告は、私の論全体にわたる入念かつ根本的なものであった。「人格的自律」などといえば、当然カント哲学とのつながりを思わせるものがあるが、駒村会員によれば、カントの道徳的世界では、人は定言命法のもと普遍的要請に従って生きるものとされているのであって、端から〝自己の生の作者〟などという実存主義的理解とは相容れないのではないかと疑問を呈された。

私は、専門外の事とはいえ、その哲学の偉大さは自覚しつつも、その定言命法には早くから違和感を抱き、また、一七世紀から一八世紀にかけて展開された英米の自然権論とは相当の距離があると考え、その理論を直接の根拠に人権を考えることはしなかった。そうすると、何故「人格」あるいは「人格的自律」に、さらにその基盤として「自己の生の作者」論に私がこだわるのか、という疑問を抱かれるかもしれない。こうしたことを予想して、「『人格的自律権』論に関する補足的説明」として、本書Ⅳ12を執筆したので、委細はそれに譲ることにしたい。

本稿は、〝自己の生の作者〟論はそれなりの普遍性をもつ表現であること、しかしさらにその根底には、〝人間はいかにして人間になれるか〟というより深い問いが潜んでいることに言及しておきたいという思いによるものである。

先の2四においてみたように、〝自己の生の作者〟論は英米の文献にみられるだけでなく、二〇世紀半ばにおけるドイツ人による主張にも既にみられることに注目しておきたいと思う。

カント研究者の中村博雄氏から最近お送りいただいた書によれば、若い時からカントを熱心に研究し、ナチスの暴虐を逃れてパリの安アパートで極貧の亡命生活を送ったザーロモ・フリートレンダー〔ペンネームはミュノーナ。一八七一〜一九四六〕は、懸命に思索を重ね、「自我を王座につける」こと、「現象界の事象に右往左往しないで〝確固とした不動の一点〟〔自我〕に立脚点を置」くこと、「他者〔他律〕に振り回されないで自分が自分自身の主人〔自由の主体〕にな」ることを説く「自我‐太陽中心（ICH-Heliozentrum）」論を展開した。興味をひくのは、「自我‐太陽中心として初めて、人間は、〔……〕言わば創造的に生きる（schöpferisch leben）ことができる」といい、「生という書物（das Buch des Lebens）」の「著者〔作者〕（Autor）」になれる、と示唆していることである〔中村博雄『フリートレンダー／ミュノーナ研究――忘れ去られた二〇世紀の哲学者の自我論と平和論』〔デザインエッグ、二〇二二年〕三六頁、一五六頁、二七六頁による〕。

この主張は、ナチスを前にして知識人を含めて雪崩のように道徳的世界が崩壊するドイツを逃れ、亡命先で必死に思索するフリートレンダーの姿をまざまざと思わせるが、戦後ドイツは、歴史への反省を踏まえ、「人間の尊厳〔の〕不可侵」、「不可侵かつ不可譲の人権に対する信念」、「自己の人格を自由に発展させる権利」などを憲法に明記した。

日本では、戦後も、「一切の人々があたたかき共感、共力のもとに、自他不二の理想をめざして実践に努力する」ことをもって人間の最も望ましい姿とする考え方〔中村元「自我の自覚の東洋的形態」改造一九四八年五月号〕もみられたが、日本国憲法は「基本的人権」の保障をうたい、「個人〔の〕尊重」、「幸福追求権」の最大限の尊重を求めるもので、体制の拠って立つ基盤を明確にするものであった。

フリートレンダーの「自我‐太陽中心」論は、いわば極限状況の中で自己の全存在を賭けての必死の思索の結果であって、自ずと強く訴えるものがある。日本語の「我」あるいは「自我」は、先の中村元の言説にもみられるように、いかにしてこれを抑制するかがむしろ課題とされることが多いが（因みに、すぐ後で触れる上田閑照『宗教』〔岩波現代文庫、二〇〇七年〕も、「妄動する『我』の否定、少なくとも制限がいかにして可能であるかということが人間にとって切実な問題になる」という）、フリートレンダーの主張の文脈の中でICHを「自我」と訳されていることには十分な理由があるように思われる。しかも単に「自我中心」といわれているのではなく、「自我‐太陽中心」とあることには何か深い意味が含まれているようにも思わせるものがある（太陽は太陽系の生命の誕生と持続を支える源である）。

もとよりフリートレンダーの主張内容に深く立ち入る能力はないが、私としては、彼も〝自己の生の作者〟論に言及していることに意を強くして、従来通り〝自己の生の作者〟論をとり続けたいと考えている。そして私の論は、社会連帯性の意義・重要性を視野に入れてのものであったことを強調しておきたい。先に触れたように、「一人ひとりの人間（個人）が自己の思い・考え方（人生観）に従ってその生を築いていくこと、……各人は〝自己の生の作者〟であることをお互い《ヽ》に認め《ヽ》合い、そし《ヽ》て協働し《ヽ》ながら豊かな良き共生のあり方を追求すること、を約束し合う道徳（理論）上の大前提……」と述べたのは、そういう趣旨を込めてのものであった。

本稿を書きはじめる時、何故に司法改革に関連して「法教育」（市民教育、主権者教育）への取り組みがはじまったのかについて私なりの理解に言及して終えるつもりであった。しかし、この点については『法と教育』（一二号（二〇二二年））に一文を寄せる機会があった一方、核兵器の使用をほのめかしつつ他国に侵攻する国指導者が現われ、あるいは、カルト教団によるマインドコントロールの実態を知るにつけ、先に触れた上田閑照の書に触れておかざるをえない思いに駆られた。〝人間は、人間であれば「人間である」のではない、人間はしばしば人間でなくなる、非人間的になり、悪魔的にすらなる〟、〝出会いと交わりにおいて人間は、人間から、人間であることを学びつつ、人間として養われ、また、人間は人間に、人間であることを教えつつ、人間を育ててゆく。教育は学校教育に限られるのではなく、「教える」／「学ぶ」ということが「人間である」ことの本質的所以であり、人間である限り、生涯、教育ということが課題になる〟。

同書の冒頭には、著者がたまたま目にしたという子どもの句、「秋深し　柿も熟した　おじいちゃん　死ぬな」の句、が載せられている。著者は、「死を通して、共に、深い自然のなかで、生きる」という趣旨の表現と受け止め、「死は、親しい人と人とを決定的に別離せしめると同時に、それゆえにまた最も親しく結びつける」働きをもっていると指摘する。ここには、「『宗教』

と言われるものの源泉的原態が表現されている」ともいわれている。

〝自己の生の作者〟であることと、〝人から学び、人に教える〟こと、とが不即不離の関係にあることを確認するとともに、「みんなとともに自分らしく生きることのできる社会」なる表題の秀逸さを改めて痛感する。

（二〇二二年、ゼミ会誌）

V　人権保障と司法の役割

1　「国民の司法」へのさらなる発展を求めて
――滝井繁男氏を偲びつつ――

一　「国民の司法」の充実に献身

昭和三六（一九六一）年に大学を卒業した滝井繁男氏は、昭和三八年に大阪において弁護士として活動を開始し、優れた資質と豊かな人格性を備えた法律家として次第に「大阪に滝井あり」と知られるようになる。とりわけ、判例も定評ある理論も存しないなかで、航空機の騒音被害の救済と夜間飛行の差止めを求めた大阪空港訴訟において、副団長として理論面・実践面で訴訟を長期にわたって支えた氏の力量は、関係者に強く印象づけるものであった。氏は、また、平成二（一九九〇）年から平成八年にかけて法制審議会民事訴訟・強制執行部会委員として民事訴訟法の改正に携わり、利用者である国民の視点に立った民事訴訟のあり方を訴えた。

氏は平成一一（一九九九）年に大阪弁護士会会長（日本弁護士連合会副会長）に就任するが、この年、司法制度改革審議会が設置され、こうした動きと連動して、日弁連司法改革実現本部委員、日弁連法科大学院設立・運営協力センター委員長などに就任し、弁護士会の司法制度改革推進の枢要な役割を担うことになる。

日弁連は、平成二（一九九〇）年に「司法改革に関する宣言」を出すが、当時の時代環境のなかで司法改革の必要が広く認識され、司法制度改革審議会の設置をみたのである。平成一三（二〇〇一）年に内閣に提出された審議会意見書は、次のような書き出しではじまっている。「民法典等の編さんから約百年、日本国憲法の制定から五十余年が経った。当審議会は、司法制度改革審議会設置法により託された調査審議に当たり、近代の幕開け以来の苦闘に充ちた我が国の歴史を省察しつつ、司法制度改革の根本的な課題を、『法の精神、法の支配がこの国の血肉と化し、「この国のかたち」となるために、一体何をなさなければならないのか』、『日本国憲法のよって立つ個人の尊重（憲法第一三条）と国民主権（同前文、第一条）が真の意味において実現されるために何が必要とされているのか』を明らかにすることにあると設定した」。そして意見書は、①国民の期待に応える司法制度の構築（制度的基盤の整備）、②司法制度を支える法曹のあり方（人的基盤の拡充）、③国民的基盤の確立（国民の司法参加）の三本の柱からなる改革案を提示したが、それはまさに充実した「国民の司法」の実現を目指そうとするものであった。

滝井氏は、平成一四（二〇〇二）年六月に最高裁判所判事に就任し（第二小法廷）、平成一八年一〇月に退官するが、長いとはいえないその間の活動は、現実の社会に対する深い洞察力と人間（個人）の尊厳への敬意を基礎としつつ、〝司法はもっと広く国民の生活にとって役立ちうるものである〟ことを国民に知ってもらいたいという氏の強い思いを感じさせる。最高裁判所は変わりつつあるのではないかという指摘もなされたなかで、氏はその「変化のキーマン」と評されたのも首肯できるところである。(1) この点は、本稿の随所で触れることになる。

退官後、氏は弁護士活動を再開するとともに、平成一九（二〇〇七）年には関西大学大学院法務研究科特別顧問教授に就任し、法曹養成に力を注ぐが、この点についても後に触れたいと思う。

（1） お別れの会担当事務局編集による「滝井繁男先生に贈る言葉」のなかに、大阪弁護士会会長水野武夫氏宛ての「最高裁判所裁判官候補者の推薦理由書」が収められているが、滝井氏を推薦する理由として、「今、最高裁判所裁判官に求められる資質は、当事者の視点からの、従来の理論に囚われない柔軟な思考である」という一節がある。

二　日本国憲法下の統治構造における最高裁判所

(1)　日本国憲法下の司法権

昭和二二(一九四七)年、三淵忠彦初代最高裁判所長官は、船出に当たって次のようなメッセージを読み上げた。「……裁判所は真実に国民の裁判所になりきらねばならぬ。国民各自が、裁判所は、国民の裁判所であると信じて、裁判所を信用し、信頼するのでなければ、裁判所の使命の達成はとうてい望みえないのであります。裁判所をして、真に国民の裁判所となし、国民の信用を博し、信頼をうながしめるためには、裁判所自らが、よき裁判所となり、よき裁判をなさねばならぬこと勿論であります。……ことにこれからの最高裁判所は従来の事件をとり扱うほかに、国会・政府の法律、命令、処分が憲法に違反した場合には、断乎として、その憲法違反たることを宣言してその処置をなさなければならぬ。いわゆる憲法の番人たる役目をつくさねばなりません。これはわが国空前の制度であって、わたくしどもはその運用のために十分の注意をはらい、重大な責務の遂行につとめねばなりません……」と(傍点筆者)。

いささか長きにわたって引用したが、①長年の懸案であった司法省の軛《くびき》から脱するという課題を果たした感慨と、「国民の裁判所」になりきろうとする決意がうかがわれるが、②新たに憲法の番人になってまったく未知の海に乗り出すことへの不安のようなものも感じ取れる。

まず、明治憲法下の司法権について、一言しておく必要がある。明治憲法体制は政治、特に行政中心の体制で、司法は影の薄い存在であった。それは、ⓐ司法権の範囲の限定性（行政の系列に属する行政裁判所の存在）と、ⓑ司法権の担い手の曖昧性および独立の希薄性に象徴される。もっとも、憲法が裁判官の身分保障について定めているところから、司法権の独立ありと理解され、大津事件によってその独立が確立されたと一般に受け止められた。しかし、その実態は相当異なるものであった。

憲法制定前に裁判所を「司法省のサブシステム」とする構造がすでに固まり[2]、それが明治憲法体制へとそのまま流れ込んだのである。裁判所構成法や司法省官制により、裁判所は司法大臣の統括する行政機関である司法省の下にあるとされ、裁判所の人事および予算は司法省の握るところであった。大審院判事であった尾佐竹猛は、「司法権独立が高唱されるときは常に検事の独立の意味である」と述べたものである[3]。

こうした状況下にあったとはいえ、大津事件における児島惟謙の司法権独立の精神を引き継ぎ、裁判官としての気概を示す人たちが存在し、そしてその人たちが日本国憲法下の司法制度の創設に少なからざる役割を果たしたことは看過さるべきではない[4]。「正義」を求めての壮大な人間のドラマがあった。

マッカーサー憲法草案には「強力にして独立なる司法府は人民の権利の堡塁にして全司法権は最高法院及国会の随時設置する下級裁判所に帰属す」（六八条一項）とあったが、日本国憲法は、淡々とではあるが、「すべて司法権は、最高裁判所及び法律の定めるところにより設置する下級裁判所に属する」（七六条一項）と定めて、司法権の裁判所への帰属性を明確にした。そして憲法は、司法権の範囲を拡大し（行政裁判権、違憲審査権の付与）、裁判所の活動方法を明示し（公開裁判の徹底）、裁判所の権能を強化し（裁判権のみならず規則制定権や司法行政権の付与）、司法権の独立を強化し、弁護士という職業について言及した。

憲法を具体的に実施するため、従来の裁判所構成法に代わって裁判所法が制定されることになる。その立案に当たっては、裁判所の人事や予算などに関しできるだけ従来の制度を温存しようとする司法省側と裁判所の独立を強く求める立場とが鋭く対立したが、ＧＨＱの主導の下で、人事や予算につき裁判所が責任をもつ現行の姿となった（裁判所法は憲法と同時に施行）。

裁判所法には、当初、内閣が最高裁判所裁判官の指名または任命を行うには「裁判官任命諮問委員会に諮問しなければならない」とあり、該委員会に関する規定は政令で定めるとあった（旧三九条四項・五項）。曲折を経て、昭和二二（一九四七）年六月公布の政令「裁判官任命諮問委員会規程」では、衆参両院議長のほか、全国の裁判官から互選された裁判官四人、全国の弁護士から互選された弁護士四人、全国の検察官等から互選された者一人、首相指名の法律学教授や学識経験者四人の計一五人で該委員会は構成するものとされ、委員会は規程の定めに基づき三〇人の候補者を内閣に答申し、内閣はこれに基づき、昭和二二年八月、三淵忠彦を初代最高裁判所長官に指名し、他の一四人を同裁判官に任命した（判事検事から五人、弁護士から五人、その他の学識経験者から五人という色分けであった）。

この過程において、①新憲法の精神に基づき三権の一翼を担うにふさわしい裁判所（最高裁判所）を強く求める立場と、②旧司法部の主流派に属し、旧憲法下で培われた司法との連続性を重視する立場との対立が現出した。そして諮問委員会が答申した三〇人のなかには、諮問委員会の委員自身六人が入り、①の立場の人は含まれない、という結果であった(5)。このことは、最高裁判所の歩みについてすでに何かを暗示しているように思えるところがある。

(2) 最高裁判所の「役割」と「性格」

以上のような背景・事情で裁判所（最高裁判所）が誕生したとすれば、裁判所（最高裁判所）の「役割」は、憲法・法律上客観的に定位できるとしても、その現実の機能は、その誕生の具体的な経緯の歴史に含意される「性格」に規定されるであろうことは否み難い。

滝井氏は、「憲法のもと、最高裁は大別して、憲法裁判所、最上級審裁判所、司法行政機関という三つの役割を担うことになった(6)」という。

まず最初に、最高裁判所を「憲法裁判所」と定位していることが注目されるが、それはヨーロッパなどにみられる違憲審査権をもつものとして特別に設けられる憲法裁判所ではもとよりなく、アメリカと同様に具体的な争訟事件の解決に必要な限度で違憲審査権を行使するいわゆる付随的違憲審査制であることが当然視されている。では、滝井氏にあって何故あえて「憲法裁判所」と定位されているのであろうか。

違憲審査制の性質・内容については、帝国議会での審議において様々な見解がみられ、また、憲法制定後も憲法裁判所特有の抽象的違憲審査権を含む（あるいは可能）とする説も主張されることになるが、最高裁判所は、刑訴応急措置法事件判決（最大判昭和二三年七月八日刑集二巻八号八〇一頁）において、憲法八一条は「米国憲法の解釈として樹立せられた違憲審査権を、明文をもつて規定した」ものと捉え、警察予備隊違憲訴訟判決（最大判昭和二七年一〇月八日民集六巻九号七八三頁）において、「司法権が発動するためには具体的な争訟事件が提起されることを必要とする」とした。

ところが、前者の刑訴応急措置法事件判決には、「一切の抽象的規範は、……終審として最高裁判所の違憲審査権に服すると共に、一切の処分は、行政処分たると裁判たるとを問わず、終審として最高裁判所の違憲審査権に服する。……かく解してこそ、最高裁判所は、初めて憲法裁判所としての性格を完全に発揮することができる」（傍点筆者）という一節があった。判決は、この

「憲法裁判所」という言葉にどのような意味を込めたのであろうか。

アメリカの違憲審査制は、高次法（根本法）思想と人民主権思想との結合のうえで生まれた合衆国憲法の最高法規性を担保すべく、「司法権」の本質的属性をなすものとして確立されたものである（一八〇三年のマーベリ対マディソン判決）。

このいわゆる付随的違憲審査制（司法審査制）の簡明な道筋に従えば、裁判所は、提起された事件・争訟の具体的な事実に即し関係法令の適用が憲法上許されるか否かを問い（適用審査）、許されない場合には違憲とする（適用違憲）。しかし裁判所は、その「適用事実類型」（土井真一[7]）が法令の重要な部分を占めるというような場合、法令の存在そのものに憲法上の疑義を向けざるをえなくなり、その合憲性を審査し（客観的審査）、憲法上許容しえない場合には法令そのものを違憲とする（法令違憲）。もっとも、たとえば、表現行為に関する憲法上の検閲禁止が絶対的である場合には、裁判所は直ちに法令がそれに当たるか否かを判断し（文面審査）、肯定されれば法令を違憲とする（法令違憲）ということが考えられる。さらに、事件の性質、事件の政治的・社会的背景、関係する憲法規定、問題の法令の規定の仕方や内容等に照らし、該事件につき憲法上の答えを出すことが必要かつ適切と考えられる場合には、はじめから客観的審査をもって臨む。

やや委細に立ち入りすぎたきらいがあるが、違憲審査や行政裁判の経験をもたず、上述のように大陸法の系譜にある明治憲法下の司法部の中枢を担った人たちを中心に構成された最高裁判所が、「憲法裁判所」的発想の下に違憲審査に臨むとすれば、そこにはどのような姿が現出するであろうか。

「憲法裁判所」は一九二〇年のオーストリア憲法で設けられたが、「不可侵かつ不可譲の人権に対する信念」を基礎に、詳細な「基本権」を保障し、「憲法裁判所」を設置するドイツの憲法（ボン基本法）が制定されるのは一九四九年のことであり、本格的な「憲法裁判所」の内実と活動がわが国に知られるのはまだ後のことである。

アメリカの違憲審査制は高次法（根本法）思想を重要な背景とすることを先に示唆したが、実際、違憲審査制は、陰に陽に制定憲法（憲法典）を伝統的な「根本法」とのつながりで受け止めるなかで機能してきたといえるところがある。ここでいう「根本法」とは、統治と司法との区別に立つイギリスの中世立憲主義に遡源する、人の権利・自由の保護にかかわる一七世紀イギリスで現出した観念である(8)。日本国憲法の基本的人権保障規定は、アメリカの場合にも似て、概して簡略かつ抽象的であるが、最高裁判所はそのような背景を欠くままに作動しなければならなかった。

結局、最高裁判所は、泉徳治氏のいうように、「憲法上の規定を文面どおりに限定して解釈(9)」し、その一般的・抽象的規範命題の貫徹を図るという道を歩むことになる（この点は、次の三で触れる）。最高裁判所が適用審査（適用違憲）によることを嫌い（下級審の多くの適用違憲の試みを潰してきた）、また、立法部・行政部の裁量を広く認める姿勢をとったのは、その帰結であった。滝井氏は、「立法機関の裁量の広さは、当該立法が対象とする事項によって同じではないが、従来、わが国の最高裁はその裁量の幅を広く認める判断を示すことが多」く、「立法機関の裁量が著しく不合理であることが明白であると考えない限りその判断を尊重する態度を示してきた」[10]という。法令違憲では、ようやく昭和四八（一九七三）年の尊属殺重罰規定違憲判決〔最大判昭和四八年四月四日刑集二七巻三号二六五頁〕がはじめてで、それを含めて計一〇件〔滝井氏が平成一八年一〇月に退官するまでは七件〕、適用・処分違憲では一一件〔滝井氏退官まででは一〇件〕にとどまり、適用・処分違憲一一件のうち九件までが裁判手続上のものであるのは、その結果である。[11]因みに、違憲判決・決定で表現の自由など精神的自由に関するものはない。

もっとも、氏は、その著書の中で、「八件〔氏退官後の平成二〇年の国籍法違憲判決〔最大判平成二〇年六月四日民集六二巻六号一三六七頁〕を含む〕の法令を違憲とする判断のうち三件」が平成一三（二〇〇一）年の司法制度改革審議会意見書により「司法の立法、行政へのチェック機能の強化の必要性が指摘された後になされたものであり、そのなかに、権利の平等にかかわる違憲判断二件が含まれていることは注目されてよい」[12]と述べ、今後への期待を暗示している〔その後、平成二五年の婚外子相続分差別違憲決定〔最大決平成二五年九月四日民集六七巻六号一三二〇頁〕と平成二七年の再婚禁止期間違憲判決〔最大判平成二七年一二月一六日民集六九巻八号二四二七頁〕が加わった〕。

このようにみてくると、氏の「憲法裁判所」という位置づけは、おそらくドイツなどにおける「憲法裁判所」の重要な活動も念頭におきつつ、最高裁判所がその違憲審査機能を強化することの必要性を強調しようとする趣旨ではなかったかとも解される。

さて、この課題への取り組みと大きくかかわってくるのが、「最上級審としての最高裁判所」である。最高裁判所は通常事件の終審裁判所であり、三審制を維持しつつ、従前の大審院が扱った民事・刑事事件に加えて行政事件を含めての上告審としての役割を担うことになった。大審院当時の裁判官は多いときは四五人を数えたといわれるが、最高裁判所の場合は一五人であり、全員で構成する大法廷と五人ずつで構成する三つの小法廷で事件を処理するという体制である。

最高裁判所に持ち込まれるのは、年間六千件から七千件程度の上告事件もしくは上告受理申立事件で（一つの小法廷で年間二千件から二三〇〇件程度）、そのほか訴訟法で認めた抗告事件もある、といわれる。とすると、問題は、最高裁判所として、①厖大な件数への人的対応力、②最高裁判所として処理すべき・処理しうる事件の選別力、そして本稿の主要な関心対象である③憲法事件への取組み力、をどのようにしてつくるかということになる。

まず、①の人的対応力であるが、裁判官の数を増やすことについて消極的な意見が強い。私も、会議体（大法廷の場合）としては一五人が限度ではないかと思う。そうすると、裁判官の執務を支える調査官制度のあり方が重要になる。調査官は、裁判官経験一〇年以上の者のなかから選ばれ、民事、行政、刑事の三つの調査官室に分かれて執務し（調査官室にはそれぞれ裁判官歴二〇年を越える上席調査官がおり、その上に全体を統括する裁判官歴三〇年以上の首席調査官がいる。合計三八人）、一人の調査官が機械的に配点された事件を担当し、記録を精査したうえ、その論点を整理し、上告理由で指摘の点はもちろん事件の問題点と考える事項について調査し、その結果を裁判官に報告する、という体制のようである。(13)

この制度はアメリカのロー・クラーク制度を参考につくられたようであるが、アメリカの場合は各裁判官が一流のロー・スクールの優秀な卒業生を自分の調査官（各裁判官専属調査官）として選任する（三人ないし四人）のに対し、日本の場合は上述のような組織的なものである。滝井氏は、このようなベテラン裁判官が調査に当たることから、その調査結果は先例を強く意識したものになるという一般的傾向は避けられないという。(14)

ただ、氏は、日本の最高裁判所の場合は、アメリカにあっては契約法、財産法、家族法、不法行為法、刑法などのほとんどが州法領域に属し、これらの事件を扱うことが基本的にないアメリカ連邦最高裁判所の場合とは異なり、そうした広い分野にわたる調査能力を必要としており、アメリカのようなロー・クラーク制度は不可能に近い、という認識を示す。そして、こうした状況を目して時に「調査官裁判」になっているのではないかという批判も受けるが、調査官報告と意見を異にすると調査官と真剣に議論することになるのであり、実際、「調査官報告書と異なる意見が多数意見となることは、私が就任前に考えていた以上に多かった」という。[15]

問題はむしろ、厖大な数の事件を前にして、今のような人員の調査官体制で個別的事件の実効的救済という司法の使命を全うできるのか、ということではないかと思える。さらに、泉徳治氏の提言するように、調査官室の大幅増員に加えて、裁判官への補佐体制充実の方途として、各裁判官専属の調査官（ロー・クラーク）を任期付職員として一人でも付けることを考えるべきではないかと思う。[16]

次に、②の最高裁判所として処理すべき・処理しうる事件の選別力であるが、滝井氏は、氏のあげる最高裁判所の三つの役割のうち「最上級審裁判所」と関係する仕事が裁判官の多忙さの主因であり、それによって他の二つの役割、とりわけ憲法判断を含む法令解釈統一という役割が犠牲にされてはいまいかを懸念する。そして民事訴訟法が改正され、上告理由を制限し、負担を軽減しようとしたのはそのためであったはずだが、国民の間に三審制のイメージが強く、そのこととも関連して、上がってきた事件に直面した時の思い・悩みを次のように述べている。「民事事件では経験則違反、釈明義務違反など原審での審議に不満を訴えるもの、刑事事件では原審の事実誤認、量刑不当を訴える事件が多い。それらは、本来最高裁の仕事ではないといっても、現実に原審の非を唱える訴えを前にすると、最高裁の本来の仕事は別のところにあると割り切って、不服の訴えに目をつむるということは実際問題として難しいものである。何よりも、それを破棄することも可能だし、従来そうしてきたという現実がある。また国民の期待もそこにあるという思いからどうしても逃れることができないのである」[17]。

アメリカ連邦最高裁判所の場合、年間わが国と同じほどの事件が持ち込まれているが、九人の裁判官がそれぞれについているロー・クラークの調査した数頁のメモに基づいて受理するかどうかの投票を行い、四人の裁判官が賛成したものだけを取り上げることになっており、受理件数は一〇〇件ほどだといわれる（最近は一〇〇件を切っているようである）。これとの比較において、氏は、日本の場合は申立てを受理するかどうかの段階での労力のかけ方に大きな違いがあることを強調する[18]（すでに触れたことであるが、日本の最高裁判所に持ち込まれる多くの事件は、アメリカであれば州法にかかわり、州段階で結論が出ており、連邦最高裁判所が取り扱うことが基本的にないことの意味が再度強調されている）。

新民事訴訟法は上告制限と上告受理制度（三一二条、三一八条）を定め、これにより最高裁判所が憲法訴訟などにより集中して取り組む体制ができるのではないかと期待された（私もその一人である）。ただ、同法には、上告理由として主張できないものであっても、判決に影響を及ぼすことが明らかな法令違反があるときは職権で破棄できるとあり（三二五条二項）、滝井氏は、「改正法の趣旨は職権破棄にさく労力を控えるべきだということは頭にはあっても、法令違反を是正する責務を負う身としては、取り上げる義務はないというだけでこれを取り上げないでおくことにはどうしても抵抗感を抱くことになってしまう[19]」と述懐する。弁護士として優れた実績をもつ氏の述懐であるだけに、氏のこうした言葉は説得力をもって迫る。とすると、③の憲法事件への取組み力はどのように考えるべきか。詳論する余裕はないが、項を改めて若干触れておきたい。

(3) 「人」および「システム」

まず考えられるのは、当然のことながら憲法事件に対処するにふさわしい「人」をいかにして得るかである。憲法事件は多かれ少なかれ政治性をもち、裁判官の個性的判断も要求されるが、従来の最高裁判所の裁判官はまず何よりも民事・刑事の通常事件の処理に適任の者が求められ、憲法事件に取り組むに十分なものではなかったのではないか、との意見もあったところである（一〇年ほどにわたって最高裁判所裁判官を務めた伊藤正己氏[20]）。

司法制度改革審議会意見書は、最高裁判所裁判官の任命過程の透明性や出身分野別の人数比率（これまでは、裁判官出身六人、検察官・行政官出身四人、民間出身は学者一人を入れても弁護士四人と合わせて五人とされてきたようである）の固定化などの問題の指摘があることに触れ、その地位の重要性に配慮しつつ、客観性を確保するための適切な措置を検討すべきであるとした。具体性を欠くと批判もなされたが、司法の立法・行政へのチェック機能の強化という視点が根底にあった。

滝井氏は、審議会意見書以来、最高裁判所は民事・行政事件について幾つかの注目すべき新しい判断を示し、憲法判断の点でも新しいものが出てきているのではないかと述べるが、たまたまこの時期の裁判官の資質や時代状況の結果である可能性もある[21]。すでに触れた氏の言説や最高裁判所を「憲法裁判所」と位置づける基本的立場からすれば、より根本的な変革の必要性が視野に入れられているのではないかと推測したくなる。

これまで、わが国の違憲審査制のあまりの消極性（機能不全）を問題とし、ドイツ的「憲法裁判所」に関心を寄せる根強い傾向があった。私も、それにある種の共感を覚えつつも、ドイツの「憲法裁判所」は、その半数の裁判官が大学教授であることや野党への厚い配慮を示す選出手続・方法などをみる時（その背景には、ドイツの法学の伝統的権威性とナチズムの暴虐性への強い反省がある）、日本に導入するに当たってのハードルは相当に高いと判断せざるをえなかった。

そうすると、滝井氏のいう「憲法裁判所」と「最上級審裁判所」とが一体化した従来の「最高裁判所」を前提としつつも、なんとか憲法事件により積極的に取り組める仕組みは考えられないかということになる。いかにして憲法事件に対応するにふさわしい裁判官（「人」）を得るかは、「最高裁判所」の仕組み（「システム」）と深く関係する。

では、どういう仕組み（「システム」）が考えられるか。方向について大筋をいえば、①裁判官会議が上告事件の選別処理の主導権をとり、違憲審査にかかわる事件を中心とする重大事件に絞って大法廷が審理判断することとし、他はいくつかの小法廷に審理判断させる、つまり大審院的機能を果たさせる、という方途をとるか、あるいは、②最高裁判所に上告審たる大法廷（一五人よりも減員して九人のワンベンチとする）と下級審たる小法廷（相当数の裁判官による複数のベンチ）をおき、上告事件はまず小法廷で受け止め、憲法問題や判例変更が問題となる事件のみを大法廷に移して審理する、という方途をとるか、といったことが考えられる。

①は、憲法事件であっても、類似の憲法判断が出ているときは、その判決の「趣旨に徴して」合憲であることは明らかであるとして、小法廷限りで処理する傾向などがあって、大法廷判決はごく稀である現状に鑑み、本来の筋に戻そうという趣旨が込められている。②は、昭和三二（一九五七）年三月に国会に提出され、四月の衆議院解散により審議未了になった「裁判所法の一部を改正する法律案」とほぼ同内容のもので、泉徳治氏が基本的に賛同し主張する方途である。(22)②がより根本的な改変であるが、他の方途もありうるかもしれない。(23)

すでに触れたように、違憲審査の活性化の傾向が指摘される一方で、最高裁判所は憲法規範（価値）の実現へのかかわりを過度に避けているのではないかという指摘もあるなかで、(24)最高裁判所として将来に向けて〝憲法の番人〟（三淵）ないし〝憲法裁判所〟（滝井）としてのあり方をどのように描くか、独立の機関としてまず自らじっくり検討に取り組んでほしいと強く願う（司法制度改革審議会意見書はこうした課題に踏み込まなかったとの批判もあったところであるが、審議会の性格上そこまでの権能をもつかには疑問の余地があり、また、様々な意味において到底そのような余裕は存しなかった)。

(2) 三谷太一郎『政治制度としての陪審制——近代日本の司法権と政治』(東京大学出版会、二〇〇一年)四五~四九頁参照。なお、同書は、大審院長以下裁判所の判事および検事は、「多数が政治的背景のない専門官僚であり、藩閥的色彩はきわめて薄かった」という。

(3) 尾佐竹猛『判事と検事と警察』(総葉社書店、一九二七年)三~五頁参照。尾佐竹は「検尊判卑主義」という言葉も使って事態を批判している。

(4) 丁野暁春=根本松男=河本喜与之『司法権独立運動の歴史』(法律新聞社、一九八五年)、泉徳治『私の最高裁判所論——憲法の求める司法の役割』(日本評論社、二〇一三年)のⅠの第一章および第二章参照。

(5) 泉・前掲注(4)七七~九四頁。

(6) 滝井繁男『最高裁判所は変わったか——一裁判官の自己検証』(岩波書店、二〇〇九年)一三頁。

(7) 石川健治=神橋一彦=土井真一=中川丈久「論点講座 公法訴訟:第二一回〔最終回〕——〔座談会〕『公法訴訟』論の可能性(二・完)」法学教室三九二号(二〇一三年)六九頁以下における土井発言参照。

(8) Thomas C. Grey, *Origins of the Unwritten Constitution: Fundamental Law in American Revolutionary Thought*, 30 Stanford Law Review 843, 850 (1978). そこでは、「伝統的な根本法の概念」は、次のような三つの要素からなるとされる。①根本法は法的に最高であった。それは、政府のすべての

機関に拘束力のある法的制限を課し、一つの制度がトータルな主権を主張しえない。②根本法は不文であった。その内実は、usage and custom であれ、reason and natural justice であれ、制定という行為以外の源に由来する。③根本法は少なくともある場合には司法的に enforceable であった、政府の立法・執行機関に対してさえ。

(9) 泉・前掲注(4)一五三、一六七頁。

(10) 滝井・前掲注(6)一四頁。

(11) 泉・前掲注(4)一五四～一五五頁、竹下守夫ほか「〈座談会〉戦後七〇年――司法制度の改革と『法の支配』」法の支配一八〇号(二〇一六年)五七頁を参考にした。

(12) 滝井・前掲注(6)一四頁。

(13) 滝井・前掲注(6)三二頁、泉・前掲注(4)一三四頁。

(14) 滝井・前掲注(6)三二頁。

(15) 滝井・前掲注(6)三二～三六頁。ここでは、調査官調査の裁判への影響という点に関し、最高裁判所判決が言い渡された後、判例集掲載のものについて書かれる調査官解説のほうが、下級審判決への影響という面でよほど大きいのではないか、という懸念が表明されている。

(16) 泉・前掲注(4)一三八頁。阿部泰隆「憲法問題に学識をもち、かつ通常事件に見識のある最高裁判事選出の方策と裁判官補佐体制(調査官)のあり方」ドイツ憲法判例研究会編『講座 憲法の規範力〔第二巻〕』(信山社、二〇一三年)二五七頁、二八一頁参照。そこには、「調査官にも、憲法、行政法の見識を担保するような制度を作るべきである」という一節がある。

(17) 滝井・前掲注(6)四七頁。

(18) 滝井・前掲注(6)一九頁以下に、審議の手順などが詳しく述べられている。

(19) 滝井・前掲注(6) 四八頁。
(20) たとえば、伊藤正己『裁判官と学者の間』(有斐閣、一九九三年) 一三二頁。なお、阿部・前掲注(16) 二七六頁は、「最高裁判事一五人のうちせめて五人は、憲法問題に見識のある者を任命すべきである。分野別としても、せめて戦後初期のように、裁判官、弁護士、その他五：五：五とすべきである」とする。
(21) こうしたことに関連して、市川正人＝大久保史郎＝斎藤浩＝渡辺千原編著『日本の最高裁判所――判決と人・制度の考察』(日本評論社、二〇一五年) に収められた、市川「違憲審査権行使の積極化と最高裁の人的構成」と、北村和生「最高裁における人的構成と行政訴訟の活性化」が興味深い。
(22) 泉・前掲注(4) 一〇七～一一二頁。
(23) たとえば、畑尻剛「具体的規範統制再論」法学新報一〇三巻二・三号 (一九九七年) 四九五頁は、一般の裁判所の裁判官が適用法律が憲法に適合しないと「確信」した場合には、その憲法問題を連邦憲法裁判所に移送するというドイツの具体的規範統制手続のわが国への導入の可能性を示唆する。
(24) 戸松秀典「日本の法秩序には憲法が不在か」学習院法務研究六号 (二〇一二年) 一頁は、日本のさる元最高裁判所裁判官との会話のなかで、その彼から、〝アメリカの法律家に「日本には憲法がない」といわれたことがある〟との話を聞いたことを紹介しながら、次のようにいう。今世紀に入って穏やかな司法積極主義というべき動向を認めるけれども、「憲法不在、あるいは、憲法論不在……と認められる場面が無視できない程度」になっている、と。

三　司法の使命と違憲審査のあり方

(1) 司法の使命

司法制度改革審議会意見書は、「法の支配の理念に基づき、すべての当事者を対等の地位に置き、公平な第三者が適正かつ透明な手続により公正な法的ルール・原理に基づいて判断を示す司法部門が、政治部門と並んで、『公共性の空間』を支える柱とならなければならない」と述べたが、滝井氏は次のように受け止める。

「わが国では、法は治者のためのものであり、司法は治者が統治のために、不正を糾し、国民を守るための機構だという考えが根強くあった」のではないか、ために、司法といえばまず刑事司法が念頭におかれ、民事事件といえばたかが私的な紛争の処理にすぎないと観念され、また、行政訴訟といえば公益実現者である行政に抗うといった意味合いで受け止められたのではなかったか、と。そして氏はいう。「法は、統治の手段ではなく、国民がよりよい生活をするための手段として、国民の意見を反映したものであるはずである。ただ、実際の法は数の論理が支配する政治のなかで生まれてくるものであるから、それが憲法に照らしてどう評価されるべきか、また、その時々の社会において生起した事実のなかで、どう解釈し、生かされるべきものなのか、司法の場で検証されなければならないことになる」（傍点筆者）、と。そうした意味において、民事訴訟も立派に公共的価値の実現という性格をもち、また、「公益とは何かを決するのは行政の専売ではない。私人にとって共同の利益は何かを思考の起点として、それが行政によって実現されようとしていると言えるか、個の利益が不当に犠牲になっていないかが検討されなければならない」というのが、その帰結である。(25)

この関係で特に注目したいのは、審議会意見書が、「憲法は、国会、内閣と並んで、裁判所を三権分立ないし抑制・均衡システムの一翼を担うにふさわしいものとすべく」裁判所に行政裁判権や違憲立法審査権を付与したのに、裁判所が果たしてこの期待に応えてきたかを疑問とし、「立法・行政に対する司法のチェック機能の充実・強化の必要」に言及していることに関し、ごく自然のこととして氏が受け止めていることである。それは、意見書は司法に対して何か新しい特別のことを求めているのではなく、いわば〝司法の使命〟として司法が当然なすべきことをなすようにといっているにすぎないと氏が理解しているからであろう。

平成一七（二〇〇五）年の小田急高架事件判決（最大判平成一七年一二月七日民集五九巻一〇号二六四五頁）は、都市計画事業認可処分取消請求訴訟に関し事業地周辺住民の原告適格を否定した判例（最一小判平成一一年一一月二五日判例タイムズ一〇一八号一七七頁）を変更し、都市計画事業の実施によって騒音、振動等による健康や生活環境に著しい被害を受けるおそれのある一定範囲の者に原告適格を認め、前年の平成一六年六月成立の改正行政事件訴訟法との関連もあって、大きな注目を集めた。この判決は、行政法の専門家である藤田宙靖・町田顕裁判官の補足意見が、行政事件訴訟の原告適格に関し、いわゆる「法律上保護に値する利益」説を主張（藤田意見は「リスクからの保護義務」というかたちで主張）した点でも関心をひいたのだが、この補足意見に何故滝井氏は与しなかったのか、と司法制度改革の一環として設置された「行政訴訟検討会」の座員であった弁護士の水野武夫氏が質したのに対し、氏は従来の「法律上保護されている利益」説でも（行政事件訴訟法の改正ともかかわりなく）本件では原告適格を認めるべきと思っていたからと答えている。(26)

行政訴訟という土俵に上るのにもう一つの障害は、行政事件訴訟法が、訴訟形態のなかでも核と位置づける抗告訴訟を「行政庁の公権力の行使に関する不服の訴訟」と規定し（三条一項）、その訴訟のなかでも大多数を占める処分の取消訴訟を「公権力の行使に当たる行為……の取消しを求める」ものと定義した（同条二項）ことによるものであった。この「公権力の行使」とはどういう意味かについて、法律自体は何も述べず、東京都ごみ焼却場事件判決（最一小判昭和三九年一〇月二九日民集一八巻八号一八〇九頁）は、「［公権力の行使に当たる（「処分性がある」）とは］行政庁の法令に基づく行為のすべてを意味するものではなく、公権力の主体たる国または公共団体が行う行為のうち、その行為によって、直接国民の権利義務を形成しまたはその範囲を確定することが法律上認められているものをいう」とした。そして焼却場建設（計画案〔案作成、議会の可決、広報で公布〕、建設会社との建築請負契約、工事実施）につき、判決は、計画案の作成や議会への提出は公権力主体内部の行為であって市民の権利義務に直接変動をもたらすものではなく、請負契約は私法上の契約にすぎず、工事実施は事実行為にすぎない、として「処分性」を否定した。

こうした考え方の根底には、処分は仮に違法なものであっても裁判所でそれが明らかにされるまでは一応適法だとの推定を受け、有効なものと取り扱われるべきという考え（いわゆる公定力）があり、取消訴訟はこのような効力をもつ処分を取り消すためのもの（取消訴訟の排他的管轄）という思考である。しかし何故そう考えるのかについては疑問が呈されてきたが、最高裁判所は実に多くの事例で「処分性」の欠如を理由に訴えを退けてきた。そうしたなかで、平成一七年（二〇〇五）年に至って、知事による病院開設中止や病床削減の勧告（それ自体は行政指導で法的効力を有しない）について、最高裁判所は、勧告を無視した場合には保険医療機関の指定を受けることができない公算が高いなどの実質的不利益に着目して、公権力の行使に当たるとした（病院開設中止勧告取消事件に関する最二小判平成一七年七月一五日民集五九巻六号一六六一頁、病床削減勧告に関する最三小判平成一七年一〇月二五日判例時報一九二〇号三二頁）。さらに、平成二〇年の浜松市土地区画整理事業計画事件大法定判決（最大判平成二〇年九月一〇日民集六二巻八号二〇二九頁）は、昭和四一年のいわゆる青写真判決（最大判昭和四一年二月二三日民集二〇巻二号二七一頁）を変更して、事業計画が決定されると地区内の土地所有者等は所定の手続に従って換地処分を受ける立場におかれることになるという実質を重くみて計画自体を公権力の行使と認めた。

こうした流れのいわば中心にあった滝井氏が、「救済の実際的必要性ということこそが結論を出す上での大きな要素」である、「公定力、処分性、それに対し取消訴訟と、こういう何か一本の道筋が不動のものとしてあるのではな」いとし、「今までのような、こうでなければならないという公式をあてはめて全てを処理する硬直した考え方では現在の複雑な行政に対する国民の救済の要求に的確に対応できないのではないか」と述べている点[27]が印象的である。

ほかにも触れるべき点は多々あるが、ここでは在外邦人選挙権事件に言及するにとどめたい。この事件は確認訴訟と損害賠償という二つの請求であったが、滝井氏は、第二小法廷から大法廷に回そうと考えた動機は立法機関の責任を否定した昭和六〇(一九八五)年の判例(立法内容の違憲性と立法行為の違法性とを区別し、後者に関し憲法の一義的文言に反し敢えて立法に及んだようなごく例外的な場合に限るとした最一小判昭和六〇年一一月二一日民集三九巻七号一五一二頁)をなんとかしたいという点にあって、確認訴訟のほうについては、改正行政事件訴訟法の一つの柱として論議されていることは頭にはあったが、一気に多数意見の形成にまでいけるか当初は懐疑的であった、という。

しかし結果は、全員一致で、公職選挙法の改正前のものに関する違法確認を求める訴えは過去の法律関係の確認を求めるにすぎず、また改正後のものに関する違法確認を求める訴えは他のより適切な訴えによってその目的を達成できるときは確認の利益を欠くとして、ともに却下したうえ、予備的請求としての選挙権確認の訴えについて、「公法上の当事者訴訟のうち公法上の法律関係に関する確認の訴え」と位置づけてこれを認容するものであった（最大判平成一七年九月一四日民集五九巻七号二〇八七頁）。判決は、選挙権の重要性を指摘し、そして選挙権はこれを行使しえなければ意味がなく、事後救済では真の救済とはならないことを強調し、次回の選挙では在外選挙人名簿に登録されることに基づいて投票できる地位にあることを確認すべき理由は十分にあるという。その際、「なお、この訴えが法律上の争訟に当たることは論をまたない」と念を入れている。

また、損害賠償の請求については、判決は、昭和六〇年判決の枠組みに従いつつも、憲法の一義的文言云々といった表現はとらず、次のようにいう。「しかしながら、立法の内容又は立法不作為が国民に憲法上保障されている権利を違法に侵害するものであることが明白な場合や、国民に憲法上保障されている権利行使の機会を確保するために所要の立法措置を執ることが必要不可欠であり、それが明白であるにもかかわらず、国会が正当な理由なく長期にわたってこれを怠る場合などには、例外的に」違法の評価を受けるものとすべきである、と（そして、昭和五九年に在外国民の投票を可能にするための法律案が閣議決定され国会に提出されたが、その後本件選挙の実施に至るまで一〇年以上にわたって放置するような「著しい不作為」は、この「例外的な場合」に当たるとした）。

以上ごく一部をみたにすぎないが、そこにうかがわれるのは、〝司法の使命〟は何よりも国民の権利を実効的に救済することにあるとする強い自覚ないし意識である。マッカーサー憲法草案にあった「強力にして独立なる司法府は人民の権利の堡塁にして……」という先に触れた表現が思い浮かぶが、憲法が規定する「司法」が所期の豊かな内実をもちうるかどうかは結局どのような人（裁判官）を得るかに大きくかかっていることをあらためて強く思わせる。現今の時代状況は楽観を許さないものがあるが、こうした自覚ないし意識がわが国の司法の伝統の根底を確実に形成していくことを期待したいと願う。

(2) 違憲審査のあり方

① 「立法府の裁量（立法裁量）」について　先に、滝井氏が「立法機関の裁量の広さは、当該立法が対象とする事項によって同じではないが、従来、わが国の最高裁はその裁量の幅を広く認める判断を示すことが多」く、「立法機関の裁量が著しく不合理であることが明白であると考えない限りその判断を尊重する態度を示してきた」と述べていることに触れた。泉氏も、「三権分立の原則の下で、立法府、行政府がそれぞれに裁量権を有している」とするが、「〔その〕許容幅は、裁量権の行使により国民が制約を受ける権利・自由の性質によって異なるべきもの」で、

国民の多数の意思を代表する立法府・行政府の判断を尊重し、幅を広く認めて裁量権行使の合憲性を緩やかに判断すべき場合と、国民の基本的な権利・自由を擁護するため裁量権行使の合憲性を厳格に審査すべき場合がある、という。[28]

「立法機関の裁量」、「立法裁量」といった用語は学説上もかなり広く使われてきたものであるが、[29]〝法律は単に憲法の執行か〟と考えると、一方では、法律の執行にかかわる行政裁量と同じように立法裁量ということに違和感がまったくないわけではない。

ここではそれを問わないとして、まず行政裁量（自由裁量。処分には「羈束処分」と「裁量処分」とがあり、後者は政策的判断の性質をもち専ら法の適用を任務とする司法の判断になじまないというもので、行政事件訴訟法三〇条は、「行政庁の裁量処分については、裁量権の範囲をこえ又はその濫用があつた場合に限り、裁判所は、その処分を取り消すことができる」と定める）についてであるが、その限界（その裏として残された「法（司法審査）から自由な領域」）がいったい何であるかをめぐって学説判例の著しい展開があり、「今日では、自由裁量なるものの幅は、理論的に甚だ狭められ、ついには、もはやそのようなものは無いのではないか、といった疑問までが提出されるようになって来ている」[30]（傍点筆者）といわれる。

とはいえ、実際には、たとえ訴訟の入口（原告適格）の要件をクリヤーできたとしても、本案で裁量を理由に多くの事件が退けられ、〝裁量の壁〟と称されてきた。この点に関し、滝井氏は、若くしてすぐに裁判官になった人たちは自分の守備範囲を厳格に考え、広範な視野に立って行政官庁が判断したことに簡単に容喙すべきでないと考える傾向があるように思うといい、また、行政法学者には個々の事件に即した議論をしてほしい、と述べている。[31]

この裁量の問題に関し、藤田宙靖氏が次のような新たな視角を提示していることが興味をひく。自由裁量として認められる範囲は何かについての学説判例の画定作業は、当初は、①「立法府と行政府との間の権限の振り分け（立法府から自由な行政の範囲は何か）」の視角から行われ、次いで、②「裁判所と行政府との間での合理的機能配分」の視角から行われるようになったが、③自由裁量処分の司法審査が「裁判」すなわち「両当事者間における紛争の解決」という法システムを通じての違法性コントロールであるという視角から検討する必要があるのではないか、と。つまり、この視角からみた場合、ある処分が行政庁の裁量に委ねられていると裁判所によって判断されるということは、審理のある局面において、「一方当事者（行政庁）の主張が（「裁量に属する」との理由のみによって）丸ごと採用され、反対当事者（原告）は、その論点に関する反論・反証を（裁量の限界を越えたという主張を除き）一切許されなくなるということを意味する[32]」が、このことをどう考えるかという問いかけである。

次に、「立法裁量」であるが、国会は国民の代表機関にして唯一の立法機関であり、その活動の所産である法律に対する敬意を払うべきは当然であるが、そもそも法律は「立法府の裁量的判断に基づく」ものであり、裁判所の職責は「その裁量の幅を越えているかどうか」を判断することである、というかのようなところから出発することには何か釈然としないものが残る。その「何か」であるが、抽象的にいえば、そもそも訴訟で当事者が法律の違憲性を主張し、裁判所がそれについて具体的に立ち入って判断することが異例事であるかのような趣をもつからではないか。

② 違憲審査基準について　もちろん、滝井・泉両氏も指摘するように、最高裁判所は、立法が対象とする事柄・事件によっては厳しい審査をすることがある（たとえば、先に触れた在外邦人選挙権侵害違憲判決では選挙権の重要性を強調し、国籍法違憲判決〔最大判平成二〇年六月四日民集六二巻六号一三六七頁〕では基本的人権の保障・公的資格付与等の面での国籍の重要性や子にとって自らの意思や努力ではどうにもならない事柄であることに言及している）。問題は、最高裁判所がどういう場合に厳しい審査をするかについて憲法解釈上の規範レベルに達するような明確な道筋を示していないことである。この点につき、滝井氏は立ち入って論じてはいないが、泉氏は「〔審査の〕寛厳に法則性がなく、一歩前に出るべき場面で控え目になるという面がある」という。それは、「立法府・行政府の裁量権の行使が合憲であるか否かを審査する違憲審査基準が、発足から六五年を経過した現在〔著書の執筆時〕もいまだに裁判規範として構築できていない」からだ[33]（傍点筆者）、と泉氏は指摘する。

泉氏が違憲審査基準の重要性に気づいたのは、サラリーマン税金訴訟（給与所得の金額の計算につき必要経費の実額控除を認めない所得税法の規定が憲法一四条一項に違反するかどうかが問題となった訴訟）に関する昭和六〇年の大法廷判決（最大判昭和六〇年三月二七日民集三九巻二号二四七頁）に担当調査官として関与した時、芦部信喜『憲法訴訟の現代的展開』（有斐閣、一九八一年）が紹介している合衆国最高裁判所のカロリーヌ判決（一九三八年）に出会ったことによるという。この判決は、脱脂ミルクにミルク以外の脂肪を混入した調整ミルクの州際通商を禁止する連邦法を合憲としたものであるが、ストーン裁判官の法廷意見は、調整ミルクが健康に有害で、かつ一般公衆に対する詐欺行為であるという「立法府の判断を支える事実の存在は推定されなければならないのである。というのは、普通の商業取引に影響を与える規制立法は、既知の事実もしくは一般に想定された事実に照らしてみて、それが立法者の知識と経験の範囲内の、ある合理的基礎に基づいているという仮定を排除するような性質のものでない限り、違憲の宣告は下されるべきではないからである」というものであった。

そしてこの判決を有名にしたのは、法廷意見に付された脚注四（footnote 4）であった。それは、①憲法修正一条から一〇条までの一〇か条のように憲法による特定的な禁止の範囲内に文面上入っている立法、②選挙権の制限、情報を広めることの制限、政治団体に対する干渉、平和的集会の禁止などのように政治過程そのものを制約する立法、③特定の宗教的、民族的、人種的少数者に向けられた立法、については、通常の合憲性の推定は働かず、厳格な司法審査が求められる、という趣旨のものであった[34]。この趣旨は、第二次世界大戦下の政府の厳しい情報統制、戦後のマッカーシー旋風、黒人差別等々に関連して、違憲審査基準として練り上げられていった。

日本国憲法による人権保障規定には、「検閲」の禁止（二一条二項）や「残虐な刑罰」の禁止（三六条）などのように明確なものもあるが、一般的・抽象的文言による場合が多い。本稿の最初のほうで触れたようなわが国における違憲審査制の姿を目にして、憲法学が、伊藤正己氏や芦部信喜氏などを中心に、アメリカに学びつつ違憲審査基準論の構築に取り組んだのは当然のことであったといえよう。

この違憲審査基準論は、その根拠や内容に関し論者により微妙な（見方によれば基本的な）違いはあるが、人権の重要性と裁判所の能力・役割に着目して、精神的自由規制と経済的自由規制とを区別し、後者については、規制目的が正当と認められ（目的審査）、手段に該目的を達成するうえで合理的関連性が認められる（手段審査）ということで足りるが（合理性審査）、前者については、規制目的がきわめて重大な政府利益にかかわり（目的審査）、手段も該目的を達成するうえで文字どおり必要最小限のものであることが求められる（手段審査）とする（厳格審査）点でおおむね一致している。いわゆる「二重の基準」論である[35]。もっとも、この二つの審査基準をカテゴリカルに当てはめると、憲法判断のあり方が窮屈になることから、日本でも、目的が重要で、手段が実質的関連性を有するものでなければならないとする中間審査（厳格な合理性審査）を認めるのが一般的である。

そして精神的自由のなかでも特に表現の自由については、個人の自己実現と社会の自己統治にとって枢要な役割を担うことに照らし、その「優越的地位」が説かれることが多い（表現の自由は、精神的自由はもとより経済的自由なども含めておよそ人権の保障を実現維持していくうえでのいわば〝横串〟的機能をもっている）。このことに関連して、表現の自由にあっては通常の合憲性の推定が排除され、むしろ違憲性推定の原則が妥当し、規制する政府の側に合憲についての重い論証責任があることが強調される。

もっとも、以上は裁判所が拠るべき大きな〝海図〟のごときものであって、裁判所が個別具体的な事案を処理するに当たっては、さらにより具体的な規範的指針をもつ必要がある。その通説的体系化として、さる論者が簡潔に示すところによれば、次のごとくである[36]。「(ア)（事前抑制［検閲］や過度広汎規制ゆえの）文面上無効の判断、(イ)(i)表現内容規制には厳格な審査基準（『明白かつ現在の危険』や『定義づけ衡量』）、(ii)表現の時・所・方法の規制（内容中立規制）には内容規制にほぼ準ずる基準（ＬＲＡの基準）、(ウ)経済的自由規制については、合憲性推定の原則と結びついた合理性の基準を基礎に、(a)消極目的規制には『厳格な合理性』基準、(b)積極目的規制には『明白性の原則』、(エ)社会権やプライバシー権・自己決定権や『法の下の平等』も、その性質・内容に応じて以上に準ずる基準」。

こうした違憲審査基準論の基本的な発想は、判例上にも反映されていないわけではない。小売市場事件判決（最大判昭和四七年一一月二二日刑集二六巻九号五八六頁）は、「個人の経済活動の自由に関する限り、個人の精神的自由等に関する場合と異なつて、右社会経済政策の実施の一手段として、これに一定の合理的規制措置を講ずることは、もともと、憲法が予定し、かつ、許容するところ」で、ことに本件のような積極目的規制にあっては「著しく不合理であることの明白な場合に限」り違憲となすべきものとした。他方、表現の自由などに関し、「表現の自由、とりわけ、公共的事項に関する表現の自由は、特に重要な憲法上の権利として尊重」する必要を説く北方ジャーナル事件判決（最大判昭和六一年六月一一日民集四〇巻四号八七二頁）、「集会の自由の制約は、基本的人権のうち精神的自由を制約するものであるから、経済的自由の制約における以上に厳格な基準の下にされなければならない」と述べる泉佐野市民会館事件判決（最三小判平成七年三月七日民集四九巻三号六八七頁）などがある。また、先に触れた在外邦人選挙権事件判決が、選挙権の重要性を強調し、その行使を制限するには「やむを得ないと認められる事由」が必要で、本件ではそうした事由は認められないと断じたのは、注目されて然るべきであろう。

もっとも、こうした基準論に対しては様々な批判があった。大別すれば、次の二つになろうかと思われる。

一つは、アメリカにおける判例学説状況が、（特に教科書レベルにおいて）文脈や事実関係状況抜きで、かなり図式的に紹介され、憲法学習のなかでいわば機械的に当てはめの事柄として受け止められたことである。[37] 私は、学生の間におけるこうした傾向を憂慮し、大学での演習や授業で、まずはそれぞれの事件の具体的な事実状況のなかで〝苦悶〟し、そのなかでいわゆる審査基準を参考にするという姿勢が大事だと強調してきた。法科大学院開設に当たって公法系教育の目標として、このような趣旨のことが掲げられていたのではないかと記憶する。[38]

もう一つは、哲学的レベルのものである。新正幸『憲法訴訟論』がその代表例の一つで、憲法訴訟にかかわる様々な問題を詳細に論じ充実した内容をもつ書であるが、その根底にある考え方は次の一文に集約されているように思われる。「憲法の根幹原理としての『自由の原理』」とは、「〈全体としての不可分一体の統一的原理〉であって、自由を精神的自由と経済的自由に区別して、いずれが価値が高いとか、低いとかいうようなものではない。いずれもが、体系的に不可分に結びついており、いずれが損なわれても、一体不可分のものとして、自由そのものが損なわれてしまう……。このことは、歴史に徴しても明らかである」[39]。新氏が依拠するハイエクやポラニーの「自生的秩序」論には私も共感するところが多く、〝管理化国家〟性を強める現代国家のあり方を危惧するものであるが、同時に、公正な市場を維持し適正な富の配分のために公権力による一定〝作為〟は避けられないのではないか、新自由主義の名の下に展開されるグローバル資本による巨大な富の偏在と国内の格差の拡大などをどのようにみるか、新氏のようには徹しきれないものを覚えてきた。(40) ちなみに、政治経済学のアセモグル＝ロビンソン（鬼澤忍訳）『国家はなぜ衰退するのか（上）（下）――権力・繁栄・貧困の起源』（早川書房、二〇一三年）は、「経済制度」と「政治制度」との関係を古代ローマにまで遡って検証し、国家の繁栄の持続にとっての「包括的な政治制度」の重要性を説いているが、この「包括的な政治制度」は要するに〝「法の支配」、そして究極的には自由な言論で支えられる民主制〟の意である。

新氏の著書でもすでに触れられているが、(41) しばらく前から違憲審査基準論に代わるべきものとしてドイツ憲法学の三段階審査論が注目され、精力的に紹介されるようになった。(42) それによれば、第一段階では、基本権の保護範囲を画定し（保護領域）、第二段階では、基本権に対して正当化を要する制限といえるだけの干渉であるかを確認し（制限）、第三段階では、基本権に対する制限が例外的に正当化されるべき憲法上の条件を充足しているかが審査され（正当化）、そのなかで重要なのは規制目的と手段との関係で、そこでの比例原則に基づく審査は、手段の適合性（目的達成にとって有用か否か）、手段の必要性、利益の均衡（狭義の比例性）の三つを内容とするものであるという。

三段階審査の場合、およそ基本権に関する憲法事件は、すべてこの項目に従って審査され判決に丁寧に表示される（されるべき）という趣旨であろうか、もしそうだとすれば、通常の司法権の行使に付随して違憲審査が行われる制度の下で、こうしたことをすべて行うことは可能であり、また必要なことであろうか、他方、後者の付随的違憲審査制の下にあっても、事件・争訟の解決に必要な場合には第一段階、第二段階の審査は行われ（表示され）てきているのであって、実際上不要な場合には項目立てされなかったにすぎない。

注目されるのは比例原則であるが、小山剛氏は、この原則が「どれだけ厳格に適用されるか（審査密度）は、制限される憲法上の権利の意義および性質、制限の強度等を踏まえて判断される」という。[43]「権利の意義および性質」や「制限の強度」などはいわゆる違憲審査基準論も絶えず意識してきた事柄であるが、小山氏によれば、「比例原則は、審査基準論ほど強固には裁判官による比較衡量に対して枠をはめるものではな〔く〕……事案の特殊性に応じた柔軟な解決を可能とする」ものであり、「最高裁が多用する総合衡量という衡量の方式に対して、目的審査、手段の適合性、必要性審査、利益の均衡の審査という分節化を強いる」ものであるという。[44]

審査基準論も三段階審査論も、論者により理解は必ずしも一様ではなく、また、相互に了解し合いうるところもあるようにも思える。ただ、ここで思い至るのは新氏の次のような指摘である。氏は、司法裁判所型と憲法裁判所型の「合一化傾向」を認めつつも、両者の「本質的相違」に留意すべきとする。司法裁判所型の根底にある思想は、「法の支配（Rule of Law）」、「『経験主義・帰納主義』的思考」、「経験的『人間像』」、「『自生的秩序』観」、ドイツ流の憲法裁判所型の根底にある思想は、「法治国家（Rechtsstaat）」、「『合理主義・演繹主義』的思考」、「理性的・人格的『人間像』」、「『組織的秩序』観」[45]。

この指摘に関連して論ずべきことは多々あろうが[46]、ここでは次のことを述べるにとどめる。

先に合衆国憲法は高次法（根本法）と人民主権の結合のうえに誕生し、司法審査制はその延長線上で成立したことに触れたが、今や古典と目されるマクロスキイ『アメリカの最高裁判所』は、アメリカの司法審査制が存在するのは「アメリカが人民主権と根本法を対の（twin）理想と掲げ、両者の論理的矛盾を未決のままにしたがゆえである」と述べ、この二元論こそが最高裁判所に偉大な役割を果たす機会を与えると同時に、人民の感情への配慮なしにその政策を形成することを難しいものにしたと示唆している。同時に氏は、アメリカの政策過程は、当面の、時にはどうしても必要な利益の代表は立法府に委ね、司法府にはより長期的に考える責任を託する、という大まかな分担によって行われてきたのであり、今裁判所が責任を引き受けなくなったらどうなるのか、と指摘する[47]。裁判所がこの責任を果たす過程で編み出されたのが、民主制の行き過ぎをチェックし、民主制を支える違憲審査基準の展開であったと私は理解している。

これに対して、赤坂正浩氏は、ドイツの体制を一言で表現すれば「民主的法治国家」であるとして、次のような趣旨を述べる。ドイツに影響を与えたスイスの憲法学者ヴェルナー・ケーギは、ナチスの前に無力だったワイマール憲法の「法治国家的民主制」から、形容詞を逆転させ、「民主的法治国家」を確立することこそ戦後ドイツの急務だと説いたが、人間の尊厳を基礎とする基本権を憲法で詳細に定め、そうした憲法により国家権力をいかにして実効的かつ徹底的に統制するかがドイツの第一次的関心事であったのだ、と。(48)

司法裁判所型であるわが国は、先に述べたように最高裁判所が憲法問題により本格的に取り組める体制の構築を今後の課題としつつ、これまで学説判例上築いてきた違憲審査基準をベースに工夫を加えながら一つひとつ意味のある判例を着実に積み重ねていくこと、これが確かな道ではなかろうかと私は思う。

③ 目黒社会保険事務所事件（堀越事件）判決の意義　違憲審査のあり方として、猿払事件判決（最大判昭和四九年一一月六日刑集二八巻九号三九三頁）は、なんとも形容し難い内容・性格のものであった。本件は、郵便局に勤務する郵政省の現業の公務員が、昭和四二年の衆議院議員選挙に関し、労働組合の地区協議会の決定に従い、日本社会党を支持する目的で同党公認候補者の選挙用ポスターを自ら掲示し、配布した行為が、国家公務員法一〇二条一項およびそれに基づく人事院規則一四—七第五項三号、六項一三号に違反するとして、同法一一〇条一項一九号により起訴されたものである。第一審は適用違憲であるとし、控訴審も支持したが、最高裁判所は、表現の自由の重要性を指摘しながらも、「公務員の政治的中立性を損うおそれのある公務員の政治的行為を禁止することは、それが合理的で必要やむをえない限度にとどまるものである限り、憲

法の許容するところ」とし、その限度にとどまるか否かの判断基準として、①禁止目的の正当性、②目的と手段（政治的行為を禁止すること）との合理的関連性、③禁止により得られる利益と失われる利益との均衡、を挙げ、いずれの点からみても、該法律および規則は憲法二一条に反しないとした（破棄自判、有罪）。

この判断基準は、一見精緻にみえるが、①について、「行政の中立的運営とこれに対する国民の信頼を確保するため」と広く捉えてしまえば、②の合理的関連性は当然「あり」ということになる。③の利益の均衡であるが、得られる利益は、「国民の信頼を確保するという国民全体の共同利益」と大きくかつ重く捉えられ、失われる利益は、ポスターの掲示などの「行動」禁止に伴う限度で生ずる意見表明の自由（表現の自由）への「間接的、付随的な制約に過ぎ」ないとしてしまえば、結論はまったく自動的に生ずる（この文脈でいわれる「間接的、付随的制約」論、「意見表明」と「行動」の区別論はきわめてわかりにくい論法で、ほとんどの表現行為の規制が「行動規制」にすぎないから合憲ということになりかねない）。

この判決について、違憲審査基準論の限界ないし無力を示すものとも指摘されたが、当時の政治状況下でのいわば結論ありきの判決であったようにも思われる（歴史学的・政治学的分析の対象とされるべき事柄である）。

そしてこの判決は、学説の強い批判を受けつつも、何故かその後の判例を一般的に支配し続けたが、平成二四（二〇一二）年の目黒社会保険事務所事件（堀越事件）判決（最二小判平成二四年一二月七日刑集六六巻一二号一三三七頁）によって、猿払事件判決はようやく一つの事例判断にとどめられることになった。

本件は、社会保険事務所で裁量の余地のない事務に携わる公務員が、平成一五年の衆議院議員選挙に関し、日本共産党を応援する目的で、休日に、勤務先や職務とかかわりなく、勤務先から離れた地域で、公務員であることを明らかにすることなく、住居などの郵便受けに党の機関紙などを配布し、国家公務員法一〇二条一項、人事院規則一四—七第六項七号・一三号に違反するとして、同法一一〇条一項一九号により起訴されたものである。第一審は有罪としたが、控訴審は本件罰則規定を適用することは憲法二一条一項、三一条に違反するとしたところ、最高裁判所は、次のように判示した。

国家公務員法一〇二条一項は、「行政の中立的運営を確保し、これに対する国民の信頼を維持することを目的とするもの」であるが、国民は表現の自由（憲法二一条一項）として政治活動の自由を保障されており、「この精神的自由は立憲民主政の政治過程にとって不可欠の基本的人権であって、民主主義社会を基礎付ける重要な権利である」から、公務員に対する政治的行為の禁止は「必要やむを得ない限度に」とどめられるべきものである。同項の「文言、趣旨、目的や規制される政治活動の自由の重要性に加え、同項の規定が刑罰法規の構成要件となることを考慮すると、同項にいう『政治的行為』とは、公務員の職務の遂行の政治的中立性を損なうおそれが、観念的なものにとどまらず、現実的に起こり得るものとして実質的に認められるものを指し、同項はそのような行為の類型の具体的な定めを人事院規則に委任したもの」である。

本件罰則規定が憲法二一条、三一条に違反するか否かについては、目的のために規制が必要とされる程度と、規制される自由の内容・性質、具体的な規制の態様・程度などを較量して決めるべきものとしたうえで、本件規制は合理的で正当なものである一方、禁止の対象は公務員の職務の遂行の政治的中立性を損なうおそれが実質的に認められる政治的行為に限られており、結局、「制限は必要やむを得ない限度にとどまり、……目的を達成するために必要かつ合理的な範囲のもの」であって、このように解釈される本件罰則規定は不明確なものとも過度に広汎なものともいえず、憲法二一条一項、三一条に反しない、と判決はいう。

そして本件配布行為は、管理職の地位になく、職務の内容や権限に裁量の余地のない公務員によって、公務員で組織される団体の活動としての性格もなく行われたものであり、公務員による行為と認識しうる態様で行われたものでもないので、本件罰則規定で処罰対象となる政治的行為に当たらないとされた。

かくして、公務員が特定の政党の候補者を応援していることがわかるようなものであったか否かで区別して、猿払事件とは違って、原審判決の無罪が支持され、また、被告人が管理職的地位にあったか否かで区別して、本判決と同日に下された世田谷事件判決（最二小判平成二四年一二月七日刑集六六巻一二号一七二二頁）では原審判決の有罪が支持された（後者については、何故こういう割り切り方がそう容易にできるのか疑問を覚えるところがあり、須藤正彦裁判官の反対意見がある）。

このように本判決は猿払事件判決を変更したわけではないが、猿払事件判決が大きく後景に退いたとみることができる（宍戸常寿氏は、「猿払判決を引用してきた精神的自由に関する諸判例の見直しの扉も開け放たれたことを意味する」と示唆する）(49)。

注目されるのは千葉勝美裁判官の補足意見で、本件規定についての解釈は通常の法令解釈の手法によるものであって、合憲限定解釈ではないと断り、また、最高裁判所は、憲法判断に当たっては「利益較量」を基本として、審査基準を立てて自ら縛られることなく、事案に応じて必要な基準を用いて柔軟に対処していると示唆していることである。

この点に関し、千葉裁判官の深い配慮を推察しつつも、指摘したいのは、違憲審査基準は裁判所内部の問題だけにとどまるのであろうかという疑問である。裁判所（特に最高裁判所）は、三権の一翼を担い、事が憲法に適合するか否かの最終的判断権者として、日本という国のあり方がどういうものであるかを政府の他部門および国民に対して明らかにする責務を負っているのではないかということである。もとよりその責務は、憲法を適用して事件・争訟を解決する作用を通じて果たされるということはいうまでもない。

問題は、この「憲法を適用して事件・争訟を解決する作用」とはどのようなものであるかである。この点について、藤田宙靖氏は次のように指摘する。「表現の自由」、「財産権の自由」等々の権利と衝突する反対利益との間でどのような調整を行うかは個別的事件において「大変微妙な線引き」であり、最高裁判所に真に問われるのはまさにそのような難しいケースであって、「最高裁判事は究極的には最高裁判事としての自らの『良識』に基づき」そのような「線引き」を行っている、と。そして氏は、次のようにいう。

「憲法学者は外国法とりわけアメリカ連邦最高裁判所の判例を拠り所にして、いわゆる『違憲審査基準』なるものを理論的に構築し、日本の最高裁がそれを正面から採用しないことを批判しますが、しかし、最高裁の現場の感覚からすれば、そういった一律の理論的基準（まして外国の判例から抽出された基準）は、個別的な事件に当たって前記のような微妙な線引きをするに当たり、必ずしも有益な（少なくとも決定的な）拠り所とはなり得ない、ということなのだと思います」。

千葉勝美氏がさる判決の調査官解説で「（最高裁は）基準を定立して自らこれに縛られることなく、柔軟に対処している」と述べたり、憲法判断の多くが最後には結局「諸要素の総合的考慮」としてなされるのは、こうした事実の端的な表現といえるのではないか、と。(50)

以上のことに関連して、ここでは二つの事柄だけを指摘しておきたい。

一つは、日本の違憲審査制は司法裁判所型で、上述のようにドイツの憲法裁判所型とは異なるが[51]、司法裁判所型としてアメリカの場合と共通の特徴と課題をもっているのではないかということである。本稿でも垣間見たように、連邦制か否かの違いは大きいが、日本の裁判所（最高裁判所）も、アメリカのそれと同様に、「国民主権と根本法」、「民主制と司法審査制」といった構造のなかで、根本法（憲法）の規範性の維持を図るという基本的な任務を担っている。換言すれば、裁判所（最高裁判所）は、個別的事件の適正な解決に付随しての憲法判断とはいえ、その具体的憲法判断が（国民の権利・自由を保障する）憲法の規範的世界に関するどのような理解に従っている結果なのかを他部門と国民に明確に伝えるという使命をもっているのではないか、そしていわゆる違憲審査基準はそのための有用な方途という意味合いをもっている面があるのではないか、ということである。わが国の判例も、すでにみてきたように、経済的自由と精神的自由との違い、審査の緩厳に言及しているが、何故もう少し明確かつ具体的に示せないのであろうか。

もう一つは、右のこととも関係するが、違憲審査基準を明確にすることによって、国民はより確かな法的空間を実感しつつ生活できるということである。例えば、先に表現の自由はすべての権利・自由の保全を全うせしめる〝横串〟的役割を担っていることを指摘したが、それだけに表現の自由は時の権力による抑圧の対象とされやすい。そしてまた、この表現の自由は権力的抑圧の前に「壊れやすく傷つきやすい」性格をもっていることは人類の歴史上の様々な経験から知られることで、そうしたことに鑑み、規制が及ぼす表現行為への広汎な「萎縮的効果」に着目した表現の自由の保障のあり方を考える必要がある。(52) こうしたことを配慮して、規制する側の論証責任も含めて、違憲審査基準を判例を通じて明確にすることは、国民の間における活発な言論活動を保全するうえで大きな意義をもつであろう。

長谷部恭男氏は、審査基準を躊躇する姿勢に対し、「海図もコンパスもなければ大海の航行は不可能である(53)」と批判したが、私は、「憲法の番人」であることを含む「国民の裁判所」になりきらねばならぬという冒頭で触れた三淵初代長官のメッセージを想起しつつ、長谷部氏の言葉を以上のような意味合いで受け止めている。そして、滝井氏が生きておられたらどのように反応されるであろうか、と聞けないのがもどかしく思う。

(25) 滝井・前掲注(6)六九頁、七四～八二頁。
(26) 滝井・前掲注(6)一四〇～一四二頁。
(27) 滝井・前掲注(6)一四八～一五一頁。
(28) 泉・前掲注(4)一五二～一五三頁。
(29) 矢口俊昭「立法裁量論」戸松秀典＝野坂泰司編『憲法訴訟の現状分析』(有斐閣、二〇一二年)二一二頁参照。
(30) 藤田宙靖「自由裁量論の諸相――裁量処分の司法審査を巡って」日本学士院紀要七〇巻一号(二〇一五年)七二頁。

(31) 滝井・前掲注(6)一七二～一七三頁。
(32) 藤田・前掲注(30)七九～八〇頁。
(33) 泉・前掲注(4)一五三頁。
(34) 泉・前掲注(4)一五八～一六〇頁による。
(35) 高橋和之『立憲主義と日本国憲法〔第三版〕』(有斐閣、二〇一三年)一三二～一三三頁参照。
(36) 尾形健「違憲審査基準論の意味と考え方」法学セミナー六八四号(二〇一二年)三三頁は、「違憲審査基準の二つの次元」として、①「司法審査の方法・程度に関する基準」と、②「具体的な基準」をあげ、②について本文紹介のような整理をしている。
(37) 亘理格「利益衡量型司法審査と比例原則」法学教室三三九号(二〇〇八年)三八頁は、審査基準論の「『俗流化』の流れの中で『人権論の貧困化』をもたらした」と指摘する。
(38) 市川正人ほか「〈学界展望〉憲法」公法研究七〇号(二〇〇八年)二三〇頁、二五六頁(工藤達朗執筆)参照。
(39) 新正幸『憲法訴訟論〔第二版〕』(信山社、二〇一〇年)五五六頁。
(40) 新正幸「現代立憲主義像・管見――ケルゼンとハイエクの論争を素材として」日本法学八二巻三号(二〇一六年)二七七～三〇六頁は、ハイエクとポランニーとの違い、ハイエクのケルゼン批判の一方性とケルゼンの自由主義理解の甘さについて指摘しており、たいへん興味深い。
(41) 新・前掲注(39)二一四頁、二八三～二八四頁、三六七～三六八頁、五一六～五一九頁、五六四頁。
(42) 松本和彦『基本権保障の憲法理論』(大阪大学出版会、二〇〇一年)、同「基本的人権の『保護領域』」小山剛＝駒村圭吾編『論点探究　憲法』(弘文堂、二〇〇五年)九四頁、小山剛『「憲法上の権利」の作法〔新版〕』(尚学社、二〇一一年)、宍戸常寿『憲法　解釈論の応用と展開〔第二版〕』(日本評論社、二〇一四年）など参照。

(43) 小山剛「違憲審査の思考枠組み」月報司法書士五一九号（二〇一五年）九頁。

(44) 小山・前掲注(43) 一〇〜一一頁。

(45) 新・前掲注(39) 二三二〜二三五頁。

(46) 佐藤幸治＝初宿正典＝大石眞編『憲法五十年の展望Ⅱ』（有斐閣、一九九八年）に収められた、佐藤「自由の法秩序」二〇頁以下、および、土井真一「法の支配と司法権――自由と自律的秩序形成のトポス」一〇二頁以下参照。そして土井理論、それに触発された私の主張を批判する、高橋和之「法秩序形成における国会と裁判所の役割――松下理論の理解を中心に」北大法学論集五二巻三号（二〇〇一年）九二九頁を参照されたい。

(47) Robert G. McCloskey, The American Supreme Court (1960). ここでは Sanford Levinson 補訂の The American Supreme Court (2nd ed. 1994) 209-212 による。

(48) 赤坂正浩「ドイツにおける『立憲主義』」法学教室四二八号（二〇一六年）二六〜二八頁。

(49) 宍戸常寿「国家公務員の政治的行為に対する刑事罰」『平成二五年度重要判例解説』（有斐閣、二〇一四年）二五頁。

(50) 藤田宙靖『裁判と法律学――「最高裁回想録」補遺』（有斐閣、二〇一六年）一一〇〜一一一頁。

(51) 藤田宙靖『最高裁回想録――学者判事の七年半』（有斐閣、二〇一二年）一三七〜一三八頁には、次のような一節がある。「裁判官にとってまず何よりも大事なのは、目の前に存在する事件において、自分が行うべき判断の前提となる事実は何であるかについて正確に把握すること（事実認定）であり、次いで、その個別の事実関係を前提とした上で、最も適正な紛争解決の在り方は何かを判断することである。……『憲法の基本的価値』や『法の一般原則』の実現自体が自己目的とされているわけでは決してない。これはおそらく、いわゆる抽象的規範統制訴訟等により憲法典の解釈それ自体をもその任務としているドイツの連邦憲法裁判所などとは、決定的に状況を異にするところである」。

(52) この関係では、とりわけ毛利透『表現の自由――その公共性ともろさについて』(岩波書店、二〇〇八年)参照。

(53) 長谷部恭男「公務員による政党機関紙の配布」長谷部恭男＝石川健治＝宍戸常寿編『憲法判例百選Ⅰ〔第六版〕』(有斐閣、二〇一三年)三二頁。

四 「国民の司法」を支える法曹(養成)のあり方

以上、裁判所、それも最高裁判所のあり方を中心にみてきたが、それが十全な役割を果たすためには、国民に広く深く根を下ろした司法制度の存在を不可欠の前提とする。そして、その「制度」が実際どのような姿で機能するかは、ひとえにどのような「人」を得るかにかかっている。審議会意見書が、「制度を活かすもの、それは疑いもなく人である」とし、「法曹の役割」について、「国民が自律的存在として、多様な社会生活関係を積極的に形成・維持し発展させていくためには、司法の運営に直接携わるプロフェッションとしての法曹がいわば『国民の社会生活上の医師』として、各人の置かれた具体的な生活状況ないしニーズに即した法的サービスを提供することが必要である」と述べていることのなかに、その痛切な思いが込められている。

このような思いを早くから抱き、誠実に努力を続けられたのが滝井氏であった。氏が、退官後、弁護士活動を再開するとともに、関西大学大学院法務研究科特別顧問教授に就任し、法曹養成に力を注がれたことは冒頭に触れたが、本稿の注(1)の「滝井繁男先生に贈る言葉」に収められた、二〇一五年四月に向けて用意された「関西大学法科大学院入学式講演」(死去前日の二〇一五年二月二七日付の第二稿)を読み、「国民の司法」の充実に向けた努力の一環として、法曹養成にかけた氏の切実な思いが強く心を打った。

審議会意見書が描く「二一世紀の日本の司法の姿」は、司法が一般の国民の身近にあって広くその法的生活を支え、そのことを通じて司法が三権の一翼を担うによりふさわしい存在となること、というように私は理解してきたが、滝井氏は、この講演用原稿において、「わが国司法の長い歴史の中で、司法がこれほど大きな役割をもつものとして期待を抱かれたことはない。何よりも、一片の報告書で国民の意識が変わるものでもない。しかし、司法に身をおいて仕事をしようとする以上、そこで仕事をする者がその実現に向けて人一倍努力をしなければならないと思った」と述懐する。

そして滝井氏は、旧司法試験に関し、「画一的な答案増加のため、受験者の能力判定が年々困難になって」いると述べる一文があることに触れつつ(ちなみに、私が司法試験委員を務めた際、ある頃からそのことを痛感した)、その弊害を指摘するとともに、新しいフィールドで活躍する必要があるこれからの法曹には、司法試験という「点」ではなく、法学教育、司法試験、司法修習を連携させた「プロセス」としての養成制度を整備し、その中核として研究者と実務家とが協働して教育に当たる法科大学院を設けるとしたのは正しい道であったと評価する。

もっとも、滝井氏も指摘するように、法科大学院は様々な理由により〝苦戦〟を強いられてきた。しかし、日本裁判官ネットワーク編『希望の裁判所――私たちはこう考える』によれば、それでも法科大学院を修了して司法試験に合格した者は平成一八（二〇〇六）年から平成二七（二〇一五）年までの一〇年間で計一万八三八九人、法科大学院を通過できた者の半分は合格しているという[54]（ちなみに、旧司法試験の合格率は二～三％であった）。

法曹人口は、審議会が発足した平成一一（一九九九）年頃には約二万人であったが、平成二八（二〇一六）年では約四万二千人といわれる。経済同友会は、平成二六（二〇一四）年五月、「社会のニーズに質・量の両面から応える法曹の養成を」と題する提言を行ったが、それは、法曹の役割を法廷活動を中心とした法曹（最狭義の法曹）から、産業競争力の強化に寄与する企業法務などを中心とする法曹（狭義の法曹）、さらに企業はじめ、行政（官庁・地方公共団体）や政治、福祉や教育を舞台にジェネラリスト的に活動する法曹（広義の法曹）まで広げ、日本社会には、それらに応じられる多様な質と豊富な量の法曹が必要だと訴えるものであった。実際、一時は「法曹資格をとっても……」と〝就職難〟がマスコミなどに喧伝されたが、法曹資格をもつ者が企業や国・自治体に進むことが増え、「市民に寄り添う」弁護士も多く誕生し、すでに状況は相当変化してきているようにみえる(55)。

一時は七四もあった法科大学院の相当数が退場し、法曹志望者も年々減少する状況のなかで、法科大学院の原点は何であったかを再考し、そこでの教育課程を丁寧に修めれば基本的に法曹資格を得られるよう、司法試験のあり方などを含めて具体的な改善の措置を求める意見が強くなってきている(56)。日弁連も、二〇一六年三月一一日の臨時総会で「法曹養成制度改革の確実な実現のために力を合わせて取り組む決議」を採択し、具体的な取組みを展開してきている(57)。

滝井氏の講演用原稿は、次のような言葉で結ばれている。「弁護士の仕事の中で訴訟以外のものの占める比率が益々大きくなりつつある。しかし、このような新しいフィールドでの仕事で社会の期待に応えるためには、従来問われていなかった資質がより強く求められるのである。大学もそのための努力をつづけなければならないのは勿論であるが、学生諸君もそのことに確信をもって精進して頂きたい。私は法科大学院制度を選んだことの正しさを疑わないが、そのことを証明してくれるのは皆さんの研鑽の仕方である。精進を期待している」。

世界は、前世紀末以来進行するグローバリズムの波のなかで様々な課題に直面してきたが、今や荒々しい反グローバリズムも擡頭するなかで、地球環境問題、安全保障、格差の拡大、人権蹂躙等々を含むきわめて不確実性の高い時代に突入しつつあるかにみえる。こういう時代であるときこそ、法によって権力の濫用を抑止し、人間の尊厳にかかわる権利・自由を守るために努力するという、人類が営々と築いてきた軌跡[58]に思いを致し、そこにみられる法律家の役割と責務について思いを新たにする必要があるように思えてならない。

(54) 井垣敏生「ロースクールから生まれた『あなたに寄り添う弁護士たち』」日本裁判官ネットワーク編『希望の裁判所――私たちはこう考える』（弁護士会館ブックセンター出版部LABO、二〇一六年）一五四～一五五頁。

(55) 井垣・前掲注(54)一五七～一五九頁参照。法曹有資格者で、自治体で常勤勤務する者は六三自治体で八五名（二年前の一・四倍）、国の機関では三三五名（八年前の約七倍）、企業内弁護士は六一九社一一七九名（一〇年前の約一〇倍。ちなみに、私は二〇〇〇年頃は五〇名ほどと聞いていた）。

(56) 後藤昭「法科大学院と刑事訴訟法学」一橋法学一三巻二号（二〇一四年）八二五頁は、自分の法科大学院への「熱意」は、①自分が法科大学院で教えたかったこと、②旧司法試験時代に委員として多くの答案をみて、「これでは日本の法曹界の発展は」と疑問を抱いたことにあると述べ、法科大学院における教育・研究面での意義を積極的に評価している。そして、「専門家を目指すというのは、つまり他人のために勉強する責任を自分が引き受けることだと思います」という印象的な言葉が記されている。また、前に滝井氏が「行政法学者にも個々の事件に即した議論をしてほしい」と述べていることを紹介したが、藤田・前掲注(50)三二〇～三二一頁には、「最高裁判決の一般論の部分だけを見ていては、個別の事案に相応した読み方ができません。これはロースクールの授業をした成果ですが、最近強く感じていることです」という中川丈久氏の発言が載っている。

司法試験の現状とあるべき方向について、たとえば、The Lawyers 一二巻六号（二〇一五年）四三頁以下に、「司法試験を難しくすれば優秀な法曹が育つか。易しい方が法律家の山は高くなりトップには優れた人たちが出てくる」と題する、後藤昭氏の詳細な分析が載っている。

(57) 中本和洋（日弁連会長）「希望と活力にあふれる司法を目指して」自由と正義六八巻一号（二〇一七年）一〇～一一頁参照。

(58) とりあえず、佐藤幸治『立憲主義について――成立過程と現代』（左右社、二〇一五年）参照。
（二〇一七年、佐藤幸治＝泉徳治編『滝井繁男先生追悼論集
行政訴訟の活発化と国民の権利重視の行政へ』日本評論社）

2 現代立憲主義における「司法」の役割

一 はじめに

憲法で権利（人権）を保障し、その憲法の規範力を確保するために設けられる司法審査制（違憲審査制）は、長いこと特殊アメリカ的制度とみなされてきたが、二つの世界大戦（特に第二次世界大戦）後多くの国々に取り入れられてきた。その背景・意義・必要などについて明らかにするとともに、このいわば〝戦後のコンセンサス〟が揺らいでいるかにみえる現今の状況について最後に一瞥することにしたい。

なお、「司法」という語は広狭様々に用いられるが、ここではいわゆる憲法裁判所による違憲審査も含めて広く捉えてのものであることをお断りしておきたい。

二　現代立憲主義の特徴

⑴「立憲主義」が前提とする「憲法」観念

「現代立憲主義」の特徴を述べるに先立ち、そもそも「立憲主義」が前提とする「憲法」観念について一言しておく。近年「立憲主義」という言葉に言及されることが多くなったが、ではそれは何かについて、さる辞典をみると、「憲法に基づいて政治を行うという原理」とある。

日本には、古くは、「和をもって貴しとなす」「篤く三宝を敬へ」といった内容で知られる「十七条憲法」がある。国づくりにあたって大事なことを定めたという意味で、今日にいう「憲法」観念と全く関係がないとまではいわないが、内容的に漠然とした倫理的規定が多く、また、「法」として施行された形跡がないとされているようである。また、徳川時代において、のりといった法一般の意味で憲法の語が使われ、明治期に入ってもそうした用例がみられる。

しかし、徳川末期から明治にかけて欧米の constitution という語に接し、それに相当する日本語として、〈永世国法〉〈建国法〉〈国制〉〈国憲〉〈国法〉〈根本律法〉〈政体〉等々が案出されるが、明治一五年に公定用語として「憲法」が使われ（伊藤博文を「憲法取調」のため欧州に派遣するにあたっての勅語）、明治二二年に根本法の趣旨で「大日本帝国憲法」が公布されるに及んで「憲法」の用法が決定的となった。

ここでもう一つ指摘しておきたいのは、「立憲主義」が前提とする「憲法」観念は特定の性格・内容のものに限られるということである。例えば、一九八二年の「中華人民共和国憲法」は、市場原理を取り入れたことで知られるが、自ら「労働者階級が領導し、労農同盟を基礎とする人民民主独裁の社会主義国家である」と規定しており[1]（一条。傍点筆者）、「立憲主義」の「憲法」とは理解されていない。

さてそこで欧米の constitution とは何かということになるが、その成立の過程は後に述べることにして、ここではまず「現代立憲主義」の特徴を要約的に指摘しておくことにする。

(2) 「現代立憲主義」の特徴

それは、典型的には、次の五点になるかと思われる。

① 主権者たる国民が、法律を含む他の法形式と区別される「憲法」（時には「基本法」）と称する成文法を自ら（いわゆる憲法制定権力として）制定すること

② その成文法が、政府（統治権力）の正統性《レジティマシー》の唯一の法的根拠となること

③ その成文法は、人間（個人）の尊厳を基礎とする基本的人権を保障すると同時に、統治権力の実効性を確保しつつも、その濫用を有効に防止するための統治構造（権力分立ないし抑

制・均衡）を定めること

④　その成文法は法律を含む他の法形式に対して強い形式的効力をもって優位し、その優位性を確保するため独立した機関（司法裁判所、憲法裁判所）が違憲審査権をもつこと

⑤　戦争が立憲主義にとって〝敵〟ともいうべき大変厄介なものであることに鑑み、平和への志向を様々な形で憲法典を通じて明らかにすること(2)

（1）　高橋和之編『〔新版〕世界憲法集〔第二版〕』（岩波文庫、二〇一二年）（高見澤磨訳）による。

（2）　①〜④の趣旨は、既に佐藤幸治『立憲主義について――成立過程と現代』（左右社、二〇一五年）一五〜一六頁で明らかにしているが、⑤は、第二次大戦後成立の「立憲主義」憲法のいかにも現代的特徴をなすものとしてここに付加した。

三　立憲主義の史的展開

(1)　古典的立憲主義・中世立憲主義

国家と称しうるものがあるところ、誰がどのように支配すべきかに関する決まりがあるはずであるが（国家あるところ憲法ありで、固有の意味での憲法などと呼ばれる）、人類史上、「自由な社会」

という言葉を使い、政治権力の分割・相互牽制により権力の濫用を防止しようと意識的に試みたのは古代ギリシャ人が最初であったとされる(3)。

ただ、彼らは「法」によって権力の正統性を基礎づけかつ統制するというところまでは至らず、それをなしとげたのが古代ローマ共和制であった。ここでの「法」は成文法に限らず、祖先の慣習・慣行を含むもので、しかも「法」の権威の終局的源泉は人民全体にあるとされ、また、公法と私法の区別もなされ、法学者が大きな役割を果たすなど、本格的な立憲主義の誕生というにふさわしく、古典的立憲主義などと称される。

この古典的立憲主義は、ローマ帝政そして中世へと移行する中で背後に退いていくが、その特質をよく受け継いだのがイギリスであった。その姿は、一三世紀のブラクトンという人物の「国王は何人の下にもあるべきではない、ただ国王といえども神と法の下にある」という言葉によく示されている。本稿の論題との関係で注目されるのは「統治」と「司法」との区別で、「統治」にあっては国王の自由裁量が許されるが、「司法」にあっては裁判官が法に従って決定するところに従わなければならないというものであった。このようにして裁判官によって形成される法体系は一二一五年のマグナ・カルタも吸収しつつ発展していくことになる（コモン・ロー体系）。ここでも法律家の果たす役割は大きく、中世立憲主義などと称されるゆえんである(4)。

(2) 近代立憲主義の誕生とその後の展開

一六世紀に入ると、ヨーロッパでは国王中心の中央集権的近代国家への動きがはじまり、イギリスでも同様の動きの中で国王は「司法」にも手を伸ばそうとした。対してコモン・ロー裁判所、さらに勃興する市民階級を背景とする議会も猛烈に反発し、一六四九年のピューリタン革命が生じ、そして王政復古、さらに一六八八年の名誉革命へと展開する。

この激動の一世紀を経て成立したのは、ホッブズ、ロックに代表される近代自然権思想における社会契約説を理論的背景とする、自由（法の支配）と責任政治（議会主権）の結合した「根本法《ファンダメンタル・ロー》」による統治という近代的な憲法観念であった。ために、イギリスは近代的憲法（近代立憲主義）の〝母国〟と呼ばれる。[5] ただ、イギリスでは、この「根本法」は「憲法」と銘打った成文法典の制定という形をとらなかったが、まさにこの点で画期をもたらしたのが一世紀近く後のアメリカ革命であった。

一七七六年の独立宣言にはじまる各邦での成文憲法の制定、そして一七八八年発効の合衆国憲法がそれである（なお、一七九一年に憲法修正一〇か条として「権利章典」が付加されている）。それは、人民主権と高次法《ハイアー・ロー》（根本法）思想を背景に、主権者たる人民が、憲法制定権力として、人権の保障と権力分立（抑制・均衡）を定める成文憲法を制定して政府を創設するという所業であった。そこには、イギリスの法体系・憲法観念を基盤にしつつ、さらに一八世紀ヨーロッパにおける自然法思想が大きく作用していたことが留意される(6)。

トーマス・ペインが、その著『人間の権利』(一七九一~九二年)において、憲法というものは政府の行為ではなく人民の行為であり、政府は憲法の所産にすぎない、と述べたのは象徴的である。この論法によれば、イギリスは憲法なき国家ということになりそうである。

合衆国憲法でもう一つ注目すべきは、人民が制定した憲法は国の最高法規であって、それを確保すべく司法部門に違憲審査権を担わせるというものであった(これを明確にしたのが、一八〇三年のマーベリ対マディソン事件判決である)。

以上のことからうかがわれるように、合衆国憲法は、先に触れた「現代立憲主義」のいわば〝原点〟というべき特徴をもっている。ジャクソニアン・デモクラシーの一八三〇年代アメリカを旅して『アメリカにおける民主制』を著したトクヴィルは、ヨーロッパもいずれ民主制に向かうであろうことを予見しながら、民主制の逸脱ないしそれが行き着くかもしれない今日にいう全体主義的な不気味な姿を描き、アメリカでそうならないようにしている「最大の防壁」は司法権とそれを支える法曹(法律家)であることを指摘した(その理由として「法律家の一般的特性」に触れ、「法律について特別の研究をした人間は、勉強しているうちに、秩序を好む習慣・形式を好む一定の気持、論理に適《かな》ったものの考え方に対する本能的な愛を身につける」といい、また、「彼らは自然に一つの職業団体を形成」し、必要に応じて一致した行動をとることにも触れている(7))。

このアメリカ革命の影響も受けつつ、それ固有の歴史的衝動の下に、一七八九年、フランス革命が勃発、「人および市民の権利宣言」が発せられる。そこには、「人は、自由かつ権利において平等なものとして出生し、かつ生存する」（一条）、「権利の保障が確保されず、権力の分立が規定されないすべての社会は、憲法をもつものでない」（一六条）といった有名な規定[8]がみられる。この革命は旧体制を一気に解体しようとする革命で、体制はめまぐるしく変転、落着きをみせるのは一八七五年の第三共和制になってからである。この国では、一般意思の表明とされる法律が重視され、他面、旧体制下の苦い経験を反映する司法不信が強く、司法審査制（違憲審査制）が浮上する余地は存在しなかった。ただ、フランス革命の影響は知的にも政治的にも甚大で、ドイツをはじめ諸国において、議会制を導入する成文憲法を制定して国民国家の形成に向けての動きが一般化する。そして一八七一年に「ドイツ帝国憲法」が制定され、ドイツの統一が成立し、君主が強い指導力を発揮する立憲君主制の下で、ドイツは急速に強大な国家へと成長した。日本の明治憲法もそうした文脈で捉えうるもので、一九世紀は、〝成文憲法の普遍化の世紀〟と呼びうるものであった。

特徴的なことは、法実証主義の高まりの中で人権観念はすっかり消え、憲法の最高法規性・司法審査制は特殊アメリカ的制度として敬遠ないし忌避された。

（3）田中美知太郎『人間であること』（文藝春秋、一九八四年）一二四頁、K・レーヴェンシュタイン（佐藤幸治＝平松毅訳）『比較憲法論序説』（世界思想社、一九七二年）五頁。

（4）古典的立憲主義および中世立憲主義への展開の概要については、佐藤・前掲注（2）三七〜五〇頁参照。

（5）イギリスにおけるこのような事態の展開について、やや詳しくは佐藤・前掲注（2）五〇〜六三頁参照。

（6）この点につき示唆的な文献として、Thomas C. Grey, *Origins of the Unwritten Constitution : Fundamental Law in American Revolutionary Thought*, 30 Stanford Law Review 843（1978）. また、種谷春洋『アメリカ人権宣言史論』（有斐閣、一九七一年）、『近代自然法学と権利宣言の成立』（有斐閣、一九八〇年）、『近代寛容思想と信教自由の成立』（成文堂、一九八六年）参照。

（7）トクヴィル（松本礼二訳）『アメリカのデモクラシー　第一巻（下）』（岩波文庫、二〇一四年〔一一刷〕）一六八〜七〇頁。

（8）高木八尺＝末延三次＝宮沢俊義編『人権宣言集』（岩波文庫、一九五七年〔山本桂一訳〕）による。

四　現代立憲主義誕生の背景

（1）第一次世界大戦と現代立憲主義の予兆

第一次世界大戦は、「科学技術」を凝集させ、国民を総動員する総力戦で、予想外に長期化し（その間の一九一七年にロシア革命勃発）、そして一九一八年の一一月革命によりドイツ帝国憲法体制は崩壊、一九一九年に「ドイツ共和国憲法」（いわゆるワイマール憲法）が成立する。前文には「ドイツ国民は、その各民族において一体となり、自由と正義とにおいてその国を再建し、これを強固なものにし、国の内外の平和に貢献し、社会の進歩を推進せんとする意思に満たされて、ここにこの憲法を制定した」とあり、政府は専ら憲法により創設・規律され、憲法に従って行為しなければならないことが明確にされた。普通・平等などの選挙原則、大統領の直接選挙、国民投票制等々の民主制に関する諸規定、各種「基本権」を保障する諸規定、そして「所有権は、義務を伴う。その行使は、同時に公共の善に役立つものであるべきである」（一五三条三項）と規定し、社会権的基本権と呼ばれる労働基本権の保障や包括的保険制度の設立などについて定めているところに特徴がある。(9)

イギリスやアメリカなどでは、世紀末からこの頃にかけて、労働運動・社会運動の活発化、大衆民主主義的傾向の進行がみられるが、ワイマール憲法は、こうした時代の傾向（いわゆる「積極国家」、「社会（福祉）国家」的志向）を憲法典レベルで体系的に表現したものとして、注目すべきものであった（なお、アメリカではこうした動向があったとはいえ、最高裁判所は、社会経済立法に対し、自由放任《レッセ・フェール》的立場〔いわゆる「消極国家」的立場〕に立って、例えば最高労働時間を定める州法を「契約の自由」を盾に違憲とするというような姿勢を一九三七年までとり続けた）。

この時期の出来事で、本稿の表題との関係でもう一つ重要な事柄として触れるべきは、あの純

粋法学の旗手ケルゼンの起草になる一九二〇年のオーストリア憲法による憲法裁判所の設置である。(10)

(2) ワイマール体制の挫折と第二次世界大戦の衝撃

さて、かかるワイマール体制は、何故かくも容易にナチスの台頭という無惨な結末を迎えなければならなかったのか。憲法の構造的欠陥論も主張されてきたが、ドイツの憲法学者ライナー・ヴァールは、〝十分な民主主義者を伴わない民主的憲法であったため〟という。一一月革命は、「革命」といっても、革命本来の姿と違って、従前の体制からの決然たる離別感、他面からいえば、共和制・民主制をあくまで推進しようとする広汎にわたる強い自意識が欠けていた、と。

そしてヴァールは、次のような事実を指摘する。①戦場で勝っていたのに国内の裏切りによって帝国が崩壊したという、意図的に広められた作り話である国内裏切り説、②ヴェルサイユ条約で戦争責任は専らドイツとその同盟国にあるとされたこと（二三一条）への強い反発からの、ドイツには責任がないという作り話の流布、③世界恐慌が最も壊滅的打撃をドイツに与えたことへの強い不満（労働者の三人に一人が失業）。

ヴァールは、結論づける。「ワイマールでは、民主制に確信を抱く、十分に多くの者が欠けていた」、「ワイマール憲法に降りかかったこと、そしてそれを不幸にしたのは、目に見えない運命

ではなく、すべて人間が作った事情であった」、と。(11)

一九三三年三月二四日、「全権委任法」(正式名称は「民族及び国家の危急を除去するための法律」)が成立し、ヒトラーは仕たい放題の権力を入手した。この体制下で経済は活性化し、例えば、失業者は三三年には六〇〇万以上であったのが、三七年秋には五〇万以下に。そして一九三九年九月、ドイツ軍はポーランドに進撃、第二次世界大戦となった。

暴虐性に満ちたこの全体主義体制につき述べるべきことは多いが、ここではシャピーロの全体主義論の一部に言及するにとどめる。彼は、全体主義につき、政体の特徴的な「様相」ないし「輪郭」と支配の「道具」とに分け、前者について「指導者」「法秩序の従属化」「私的道徳に対する統制」「動員と大衆的正統性」を挙げ、まず、この体制は一党支配であるとか国家が社会を呑みつくしたとかいったことではなく、むしろ逆に「指導者」なる者が自己の上昇の手段となった党や国家を破壊してその私的支配を布こうとするものであったという。

そして、「法秩序の従属化」につき、次のように指摘する。国王が法の下にあるというのは――国王は法の上にあるという主張も例外的にあったにせよ――中世の基本的な姿であり、絶対主義の最盛期でさえ、法から解放された君主の権利ないし特権は実際上の制約が全くなかったわけではなく、過激な動きも結局は君主自身も法に従っている(法により制限された君主制)という観念への動きに凌駕されていった。自由論を論じた一八世紀の幾人かの哲学者は、自由に対する危険はむしろ慈愛深い絶対的支配者であり、それに対する唯一の安全装置は「法秩序」にあるとみていた（カント、ディドロ）。

ところが一九世紀から二〇世紀にかけて法実証主義が支配的となり、それによれば法的権威の唯一の源泉は国家自体ということになり、その国家権力に対する制限は国家の自発的服従ということになった（いわゆる国家の自己制限）。となると、国家を侮蔑し、国家の上に立って支配しようとする者が現れたとき、事態はどうなるか。

ヒトラーは、ドイツ人が国家に対して示す「まったく犬のような崇拝ぶり」を嘲笑し、国家の権威をそれ自身として尊敬することを「狂気と愚かさ」であると片づけ、また、彼とその頭株の部下は、ドイツにおいてなお「法秩序」が残っていることにしばしば不満をもらし、法律家をひどく軽蔑していた、とレオナード・シャピーロはいう[12]。

第二次世界大戦は、第一次世界大戦よりはるかに大規模で、さらに進んだ「科学技術」の凝集物であり（原爆はその象徴）、その犠牲者はすさまじい数に上った。世界秩序や各国の体制のあり方に衝撃的な影響を及ぼしたのは当然であった。

（9） 高田敏＝初宿正典編訳『ドイツ憲法集〔第七版〕』（信山社、二〇一六年）（初宿訳）による。

（10） ケルゼンの趣意、「一九二八年ドイツ国法学者大会」にみられる当時の学者たちの考え方などに関し、長尾龍一『ケルゼン研究Ⅲ』（慈学社出版、二〇一三年）一三五～七七頁参照。また、ハンス・ケルゼン（長尾龍一＝植田俊太郎訳）『民主主義の本質と価値　他一篇』（岩波文庫、二〇一五年）の〈訳者解説〉参照。

(11)　ライナー・ヴァール（石塚壮太郎訳）「ワイマール憲法——十分な民主主義者なき民主制」工藤達朗ほか編『憲法学の創造的展開（戸波江二先生古稀記念）上巻』（信山社、二〇一七年）八三頁、一〇〇～一〇五頁。

(12)　レオナード・シャピーロ（河合秀和訳）『全体主義——ヒットラー・ムッソリーニ・スターリン』（福村出版、一九七七年）第二章、第三章参照。

五　復活した人権観念を基礎とする現代立憲主義の確立

(1)　復活した人権観念を基礎とする憲法（立憲主義）の再定位

一九四五年六月のサンフランシスコ会議で採択された国連を創設するための国連憲章の冒頭に、次のような一節がある。「……われらの一生のうちに二度まで言語に絶する悲哀を人類に与えた戦争の惨害から将来の世代を救い、基本的人権と人間の尊厳及び価値と男女及び大小各国の同権とに関する信念をあらためて確認し、……」。

全体主義的体制の下に三国同盟を結んで戦争をして破れた日独伊は、復活した人権観念を基礎に据えて、安定した活動力を備えかつ権力の濫用を有効に阻止しうる体制を構築する憲法を制定して再生を図ることになる。一九四六年の日本国憲法は、個人の尊重（人間の尊厳）とそれに基礎をおく生存権を含む各種基本的人権を保障し、四七年のイタリア憲法は、「勤労に基礎をおく民主的な共和国」と自己規定しつつ人権の不可侵をうたい、四九年のドイツの憲法（ボン基本法）は、人間の尊厳・人権・基本権の拘束力を規定し、「社会的」法治国たる旨宣言した。このように人権観念を基礎とする体制を築こうとするなら、憲法の規範性をどのように確保するかが枢要な課題で、これらの憲法はいずれも独立の機関による憲法裁判制度（違憲審査制）を採用した。また、これらの憲法は、表現の仕方に違いはあるもののいずれも平和への志向を明らかにしている。

冒頭で現代立憲主義の特徴を要約的に述べたが、それは主としてこれらの憲法を念頭においてのものであった。これらの憲法の根底には、〝格差（差別）・貧困〟、〝全体主義〟そして〝（科学技術の凝集物である）戦争〟というものが人間・社会に何をもたらすかに関する、大きな悲劇に基づく人間の深い感情と洞察が共通して存在しているように思われる。

もとよりこうした感情と洞察は三国に限られたことではなく、既に示唆したように全体主義と戦った英米などでも共有されるものであった。イギリスでは、一九世紀末から二〇世紀半ばにかけて自由放任から脱して福祉に向かう「新自由主義《ニュー・リベラリズム》」の流れがあり、一九四五年誕生のアトリー労働党内閣の下に「ゆりかごから墓場まで」の福祉国家の実現が目指され、また、アメリカでは、ルーズヴェルト大統領のニュー・ディール政策の推進、その間の最高裁判所の憲法解釈の大転換があり、福祉の充実や黒人差別の解消などに向けての動きが顕在化しようとする時期にあった。そして一九七一年、象徴的な書物が現われる。「公正としての正義」と名づけてのJ・ロールズの『正義論』（*A Theory of Justice*）がそれで、個人の基本的自由を基礎に据えつつ、社会的弱者に配慮する、本格的な実質的正義論[13]を展開するものとして各方面で注目され、福祉国家を基礎づける哲学的業績として受け止める向きも少なくなかったように思われる[14]。

しかし、こうした〝戦後のコンセンサス〟の集大成ともみられる状況は、実は、この頃より厳しい批判と挑戦を受け、揺らぎが生ずることになるが、この点については最後に少し触れることにしたい。

(2) 憲法の規範力の強化――憲法裁判制度（違憲審査制）の一般化

憲法裁判制度（違憲審査制）が現代立憲主義の要であることは既に示唆してきたが、日本国憲法は、通常の司法裁判所が司法権の本質をなすものとして違憲審査権を行使するというアメリカ流の司法裁判所型に倣った。が、イタリア、ドイツは先に触れたオーストリア流の憲法裁判所型を採用した。両者の違いは、前者にあっては、通常の司法裁判所が、提起された事件・争訟の解決に必要な限りで人権侵害など憲法違反の有無を判断して事件当事者の権利の救済を図るというものである。後者にあっては、憲法秩序の維持そのものを本来の目的として憲法裁判所のみが違憲審査権をもつもので、審査権の発動の方式、違憲判決の効果、裁判官の任命などに特別の考慮が払われる。ごく大まかには、前者は帰納的・経験的、後者は演繹的・理論的といえるかもしれない。

先にトクヴィルの観察に触れたが、その後の歴史を通じての活動に照らしアメリカの最高裁判所は〝世界最強の裁判所〟とも評されてきた。が、第二次大戦後のドイツやイタリアなどの憲法裁判所は短期間に相当の実績をあげ、多くの国が採用したのはこの型であった（フランス、スペイン、ベルギー、トルコ、ハンガリー、韓国等々）[15]。

(13) それは二つの正義の原理、すなわち、①基本的諸自由の平等な保障という第一原理、②社会的経済的不平等は、㋑それが、社会の公正な平等という条件の下ですべての人々に開かれた職務と地位に伴うものであり（公正な機会均等原理）、また、㋺それが、社会の中で最も不利な状況にある人々にとって最大の利益になるようにする（格差原理）という第二原理、よりなる。ロールズの正義論については、田中成明『現代法理学』（有斐閣、二〇一一年）三八五頁以下に簡にして要を得た記述がある。

(14) ロールズ自身は、資本主義的福祉国家では富の大きな不平等を是正しないとして、「財産所有型民主制」などを主張している点については、川本隆史『ロールズ――正義の原理』（講談社、一九九七年）

二一四頁以下参照。

(15)　ドイツの憲法裁判所のことはわが国でも広く知られているが、他の国々の憲法裁判所については、曽我部真裕＝田近肇編『憲法裁判所の比較研究――フランス・イタリア・スペイン・ベルギーの憲法裁判』（信山社、二〇一六年）参照。

六　日本の「司法」と違憲審査制

(1)　日本における違憲審査に関する評価

ここで日本の特徴について、少し立ち入っておきたい。

昭和二二（一九四七）年、三淵忠彦初代最高裁判所長官は、船出にあたって、裁判所は「真実に国民の裁判所になりきらねばならぬ」、裁判所は従来の事件を扱うほか、法令や処分が憲法に違反した場合には「断乎として、その憲法違反たることを宣言して……いわゆる憲法の番人たる役目をつくさねばなりません」というメッセージを読み上げた。が、その実際の歩みはきわめて慎重で、法令違憲は、ようやく昭和四八（一九七三）年の尊属殺重罰規定違憲判決がはじめてで、現在（二〇一八年四月）に至るまでそれを含めて計一〇件、いわゆる適用違憲なども一一件にとどまり、当然のことながら慎重にすぎるとの評価が少なくなく、憲法裁判所型に転換すべきだという論も根強いものがある。

いずれの型がよいかは、司法・法曹・法学のあり方や国民性等々に深くかかわるところがあり、ここでまた新たに憲法裁判所型に変えるよりも、従来の司法裁判所型での経験を踏まえつつ、より積極的な違憲審査に取り組めるような基盤と環境を整えていくのが適切ではないかと考える。

明治憲法下での司法権は民事・刑事の裁判に限定され、行政事件の裁判権や違憲審査権を含まず、しかも裁判所・裁判官は行政機関である司法省の下に置かれていた。日本国憲法は司法権の範囲を拡大し、司法権の独立を強化したが、従来の組織的基盤を基本的に引き継いだ戦後の裁判所が、行政事件さらに違憲審査に臨むことに戸惑いを覚えたであろうことは想像に難くない。が、そうした特徴も法学の発展や経験の積み重ねの中で徐々に変化してきたことも否定できない。

むしろ大きな問題は、戦後の司法が内向きに小さく固まってしまったことではないかと思われる。日本国憲法の下で新たな司法制度が発足して間もなく司法研修所が設けられ、司法試験合格者につき弁護士を含む法曹三者になるための統一修習が行われることになった。このこと自体は日本の歴史で画期的なことであったが、裁判法務中心で、しかも法曹人口を一定の低レベルに抑える要因を内在させており、日本の社会の大きな変貌にもかかわらず、欧米諸国と比べて法曹人口が驚くほど少ない状況が続いてきた(16)。国民の生活に広くかつ深く根ざさない司法が、民主主義の基盤に立つと主張する政治部門の行為を法的にチェックすることを大きく期待することは困難であろう。

一九八〇年代後半、さすがに法曹界でも危機意識が生まれ（司法が本来果たすべき役割の二割しかやれていないという〝二割司法説〟が主張されたのもこの頃である）、グローバル化の顕在化する一九九〇年代、政治改革、地方分権推進、行政改革などの諸改革の一環として、その終わりの頃に、二一世紀の日本にとって「最も重要かつ基盤的インフラ」の整備の趣旨で司法改革への取組みがはじまった。

(2)　司法改革の目指したこと

平成一三（二〇〇一）年の司法制度改革審議会意見書は、「二一世紀の我が国社会において司法に期待される役割」について、「法の支配の理念に基づき、すべての当事者を対等の地位に置き、公平な第三者が適正かつ透明な手続により公正な法的ルール・原理に基づいて判断を示す司法部門が、政治部門と並んで、『公共性の空間』を支える柱とならなければならない」と述べ、制度的基盤の整備、人的基盤の拡充、国民的基盤の確立（国民の司法参加）に関する様々な提言を行った。

平たくいえば、①法曹を「国民の社会生活上の医師」と位置づけつつ、司法が国民の身近にあってその法的生活を支え、②それを背景に、司法が三権の一翼を担うによりふさわしい存在となり、③グローバリゼーションにも立ち向かいうるものとする、ということであった。

現時点での改革の結果については、積極・消極の様々な評価がありうるが、何よりも内向きに小さく固まっていた司法の基盤が拡大したことを指摘しておきたいと思う。法曹人口は二〇〇〇年頃二万人ほどであったが、既に四万五千人ほどになり、中でも弁護士は四万人を越えた。新たな法曹養成の中核に据えられた法科大学院は、様々な難題に直面しつつも、二万人を越える法曹を誕生させている。その結果、大きな法律事務所ができ、組織内弁護士も増える一方、いわゆる「市民に寄り添う弁護士」も多く生まれた。

こうした司法の基盤拡大を背景に、従来書面のやりとり中心で時間ばかりかかり、国民が傍聴してもさっぱり要領を得なかった裁判が総じて争点整理を踏まえた法廷重視のスピーディーなものとなった。さらには、事実上「救済の道なし」とさえいわれた労働事件で導入された、迅速な審理と解決をもたらすと好評の労働審判制度は、成果の象徴といえる。供述調書中心の〝調書裁判〟と評された刑事裁判は、裁判員制度の導入を契機に、本来あるべき公判中心への転換が進んだ。そして日本司法支援センター（いわゆる法テラス）が設置され、一般市民が司法（正義）にアクセスする重要な道を開いたことも強調しておきたい。

こうした努力をなしつつ、裁判所が国民が深く納得するようなよく考えられた判決を重ねていけば、広く国民が「政治」とは異なる「司法」の独自の重要な存在理由をより深く理解するようになり、違憲審査の行使にとってより好ましい環境ができていくのではないかと思う。因みに、先に法令違憲は一〇件にとどまると述べたが、そのうち五件は今世紀に入ってからのものである。

こうした傾向を促進するためには、最高裁判所が、憲法問題を含む重要な訴訟に集中して本格的に取り組める体制を整えることが必要で、まず最高裁判所自らそうした組織体制作りについて真剣に検討されんことを願っている。(17)

以上のことも関連して、ここではもう少し広い視野から「司法」の存在理由の一端に触れておきたい。

(3)　もう一つの実践的思慮・賢慮の場としての〝司法のフォーラム〟

二〇一七年出版の三谷太一郎著『日本の近代とは何であったか』は、その導入部で、『イギリス憲政論』で知られるウォルター・バジョットが、*Physics and Politics*（1872）において、（固有の「慣習の支配」である「前近代」とを分かつ）「複雑な時代」である「近代」の政治の姿を「議論による統治」（傍点筆者）に求めたことの背景や意味を精細に論じていてとても印象的であった。(18)それは、社会の徒な固定化を避け、同時に度を越す行動を抑止し、「自由」と「秩序」を両立させようとする政治社会にとって必須の思慮・熟慮を確保する土台というべきものであろう。

政治はよく「目的―手段」図式で捉えられる。この「目的―手段」の複雑な連鎖にかかわる議会を中心とする場を〝政治のフォーラム〟と呼ぶとすれば、もう一つの実践的議論の公開の場として「要件—効果」図式で捉えられる〝司法のフォーラム〟があって、両々相俟って立憲制を支えているのではないか、先に引用した審議会意見書はこういう趣旨を述べようとしているのではないかと理解している。

この〝司法のフォーラム〟は、意見書も示唆するように、典型的には、①憲法を頂点とする実定法規範に準拠して、②当事者主義の下、適正かつ透明な手続により、③具体的な権利義務ないし刑罰権の存否につき権威的に判断確定する、という制度構造をもつ場である。そしてこの場は、法の解釈・適用に関する専門的知識・技法を中核とするいわゆるリーガル・マインドを備えていると措定される「プロフェッション」たる法曹の関与の下で進められるもので、古代ギリシャ・ローマ以来の「法の賢慮（juris prudentia）」という実践知の伝統を継承するとされるものである。[19]

小林秀雄は、「自然の世界と価値の世界との分離が現われた。近代文明は、この分離によって進歩したことに間違いはないが、やがて私たちは、この分離に悩まねばならぬ仕儀に立ち到った」と述べた。[20] そしてギリシャ哲学の藤沢令夫は、アリストテレスの学問類型上第一位のひたすら客観性を目指す観想知（科学）と第三位の製作知（技術）が直接合体して「科学技術」という巨大な奔流が生じ、第二位の行為知（実践的知恵・思慮）が孤立してしまったとして、次のように述べた。「世界についての『観想』（理論）のあり方と内実を抜本的に再吟味して立て直すこと、そしてそれと即応しつつ、機械化・高速化の潮流の中にあって人間本来の生き方と行為のあり方を確保すべく刻々の努力を継続すること、しかありえないだろう」、と。(21)

統治機構の一部である〝司法のフォーラム〟は長所とともに制度上の限界をもつが、ここに提起されている課題と無縁のものではありえず、「法の賢慮」の場を育んでいくことの重要性を思う。

(16) 一九九七年頃の法曹人口一人あたりの国民の数を比較すると、アメリカは二九〇人、イギリスとドイツは七〇〇人超、フランスは、一六四〇人、日本は六三〇〇人であった。

(17) 例えば、最高裁判所に大法廷（一五人よりも減員して九人のワンベンチとする）と下級裁判所の一種として小法廷（相当数の裁判官による複数のベンチとする）を置き、上告事件はまず小法廷で受け止め、憲法問題や判例変更が問題となる事件などを大法廷に移して審理する、ということが考えられる。これは、昭和三二（一九五七）年に国会に提出され、審議未了になったものと同内容であるが、泉徳治元最高裁判所裁判官も基本的にこれに賛同する（『私の最高裁判所論――憲法の求める司法の役割』〔日本評論社、二〇一三年〕一〇七～一一二頁）。

(18) 三谷太一郎『日本の近代とは何であったか――問題史的考察』（岩波新書、二〇一七年）序章参照。

(19) 田中・前掲注(13)五一〇～一一二頁参照

(20) 小林秀雄『私の人生観』（角川文庫〔改版三七版〕、一九八九年）九九頁。

(21) 藤沢令夫『哲学の課題』（岩波書店、一九八九年）一一五～一一六頁。

七　おわりに——今、われわれはどこに立っているか

先に〝戦後のコンセンサス〟の揺らぎに触れたが、一九七四年、個人の自由を強烈に主張し、累進課税は強制労働と変わらないと批判するノージックの『アナーキー・国家・ユートピア』（*Anarchy, State, and Utopia*）が現われ、そして早くから「自生的秩序」論を掲げて積極国家・福祉国家は個人の自由と法の支配を衰退させると批判してきたハイエクも含むリバタリアニズム（自由至上主義）と呼ばれる思潮が台頭し、それを受けるような形で七〇年代末から八〇年代はじめにかけて成立した英米の政権は「新自由主義《ネオ・リベラリズム》」と呼ばれる政策を追求し、一九九一年のソ連崩壊も手伝って、急速にグローバリゼーションが顕在化した。

こうした事態は、積極国家・福祉国家が〝管理しすぎる国家〟〝肥大化した国家〟に堕したようにみえることへの反発として理解できる面がある。では、それは何を生み出したのか。富の巨大な格差、ヘイトスピーチに象徴されるような「他者」の生への想像力を欠く独善的発想の肥大化等々が指摘されるところであるが、本稿の論題との関係で最も懸念されるのは、「法の支配」に対する軽視ないし蔑視の徴候である。

〝テロと難民〟の問題もからんでEUは難しい状況にあることはよく知られているが、二〇〇四年にEUに加盟、評価も高い憲法裁判所をもつハンガリーにあって、二〇一〇年の選挙で憲法改正に必要な三分の二の議席を得た右派政権が誕生すると、憲法裁判所の審査対象を制限し、裁判官の人事権を与党のコントロール下におくなど、憲法裁判所の骨抜きを図り、また、同じく二〇〇四年加盟のポーランドも司法を抑え込もうとする方向にあることが報じられている。EU加盟国でないトルコの専制主義的傾向は論外として、肝心の違憲審査制の〝母国〟アメリカの状況はどうであろうか。そして、日本を含む他の現代立憲主義諸国は？

先に、自由に強い関心を抱いた一八世紀の哲学者の幾人かは、自由に対する危険はむしろ慈愛深い絶対的支配者にあるとし、それに対する唯一の安全装置を「法秩序」に求めていたことに触れたが、これも既に触れたトクヴィルの書の中に次のような表現がみられる。「人々の上には一つの巨大な後見的権力が聳《そび》え立ち、それだけが彼らの享楽を保障し、生活の面倒をみる任に当たる。その権力は絶対的で事細かく、几帳面で用意周到……である。……暴虐ではないが……人を圧迫して苛立たせ、意気阻喪させ……ついには、どんな国民も小心で勤勉な動物の群に過ぎなくされ、政府がその牧人となる(22)」。

ロールズの、功利主義批判を背景に自由をベースとする実質的正義論は、専門的にみればいろいろな問題があるのであろうが、ヨーロッパの歴史において営々として築かれてきた立憲制を基本に据えつつ、これからのあるべき社会に関する設計図を描かんとする懸命な試みであったように思われる（彼が福祉国家にも批判的であったことについては、本稿の注（14）参照）。対して自由至上主義（「新自由主義《ネオ・リベラリズム》」）は、社会に関する設計図もないままにともかく自由の至上性を掲げて走り出したのではないか、と思えてならないものがある。専門外にわたるところもありこれ以上立ち入ることはしないが、「法の支配」、立憲制をないがしろにするようなところで、「人間本来の生き方と行為のあり方」（藤沢令夫）を追い求めつつ、〝善き社会〟を築いていくことは可能かということだけは明確にしておきたい。

合衆国最高裁判所のブライヤー裁判官の *Making Our Democracy Work: A Judge's View* (2010) は、二〇〇年以上にわたる起伏に富む歴史を辿りながら、人々が最高裁判所の憲法解釈に従うようになった過程と理由を明らかにした滋味に富む書であるが、その「日本語版　序」（二〇一五年執筆）にこういう行がある。「今日の世界において、エイブラハム・リンカーン時代の騒然たる世界のときと同様に、わが政府であれ、どの政府であれ、『自由の精神を母体として生まれ、すべての人は平等に造られているという命題に捧げられる存在として、……永続することが可能だろうか』〔ゲティスバーグ演説の冒頭の一句〕と問う人々がいます」。

そしてブライヤー裁判官は、ナチスのフランス占領に基づく寓話であるカミュの小説『ペスト』に触れながら、次のように述べる。「恣意的支配」（不正、違法、不合理、専制、独裁、圧政）の対極にある「法の支配」、これこそ、「カミュが語るような不幸な日（決して死滅しないペスト菌が再生し、人間社会を襲う日）の到来を防ぐべく、日々、用いることが求められる武器」、「人間性を持った、民主的で、正義の社会をつくるための私たちの闘いの要」であるのだ、と。そして、（『ペスト』の場合は医師であるが）特に法曹・法律家の責務を示唆している。(23)

社会・経済のあり方はいろいろ変わりつつも、イギリスでは三〇〇年以上にわたって近代立憲主義の基本的枠組が維持され、アメリカでは二三〇年前制定の憲法が妥当し続けてきたのは何故だったのか、そのこと自体は何を意味しているのか、その中にあって現今のイギリスのEU離脱を巡る事態、アメリカの特異ともいうべき状況はどういう意味合いをもっているのか、そしてさらに、日本において立憲制の持続性を望むとすれば、何をどのように考えるべきなのか、と迫る問いが心に重く沈んでくる。(24)

(22)　トクヴィル（松本礼二訳）『アメリカのデモクラシー　第二巻（下）』（岩波文庫、二〇一五年〔七刷〕）二五六〜五八頁。

(23)　スティーブン・ブライヤー（大久保史郎監訳）『アメリカの最高裁判所――民主主義を活かす』（岩波書店、二〇一六年）の「日本語版　序」x〜xi頁。

(24)　そうした中、憲法学の若手研究者の江藤祥平『近代立憲主義と他者』（岩波書店、二〇一八年）に接した。われわれが立憲主義の本質と持続性を考えようとする際、もつべき一つの重要な視点を提示しているように思えてならないものがある。

（二〇一九年、日本学士院紀要七三巻二号）

3　法を学ぶことの意義とそれに伴う責務(1)

はじめに

佐藤でございます。優れた教授陣を擁し、数多の人材が輩出してきた輝かしい伝統をもつ本学に講師としてお招きいただき大変光栄に存じます。

赤坂幸一先生から依頼のお話がありましたとき、年齢のことがあり躊躇したのですが、行政改革や司法改革などに関連してご一緒させていただき、その高い見識と公正な判断力に敬服した古川貞二郎(2)さんの後輩にあたる若い皆さんの前でお話できる幸せを思い、お引き受けさせていただいたような次第です。

(1)　本稿は、二〇一九年一月二五日に九州大学法学部で開催されたLaw & Practiceセミナーにおいて、佐藤幸治・京都大学名誉教授を招いて行われた講演の記録である。対象は法学部生・法学府生・法科大学院生で、本稿においても、学修上の便宜という観点から、企画者において若干の補訂を行っている。脚注および亀甲括弧（〔 〕）内の文章は、企画者（赤坂）による補訂である。

（2） 一九三四〜二〇二二年。一九五八年九州大学法学部を卒業後、長崎県庁勤務を経て、一九六〇年厚生省入省。一九九五年以降、長期にわたって内閣官房副長官を務め、行政改革や司法制度改革を裏面から支えた。二〇〇四年、九州大学名誉教授。講演時（二〇一九年一月）において九州大学経営協議会委員。

一　法を学ぶことの意義

(1)　〝リーガル・マインド〟の習得

法学部での法学教育の目的・趣旨は何かについて、従前からよく次のように説かれてきました。それは、法的思考能力、〝リーガル・マインド〟が身につくようにすること、条文や判例・学説などを細かく覚えさせることではなく、〝think like a lawyer〟つまり法律家のごとく考える力を身につけさせることである、と。

こういわれても、皆さんは簡単には納得できないかもしれません。はじめて接する沢山の法概念・条文・判例・法理・法理論などに関する知識をとにかく、しゃにむに消化しなければならなかったはずですから。こうしたことはどの分野に進んでも避けられないことですが、しかし、二年三年と努力を重ねていくうちに面白さが分かってくる、皆さんは既にそうした段階にあると推察します。

京都大学で同僚であった法理学の田中成明さんは、〝リーガル・マインド〟に関する法学者・法律家の説明に共通する特徴として、次のような要素をあげておられます（『法学入門〔新版〕』〔有斐閣、二〇一六年〕一六七頁以下）。

①　問題発見能力（紛争などに直面した場合に、錯綜した状況を整理して、法的に何が問題かを発見する能力）
②　法的分析能力（法的に関連のある重要な事実・争点を見抜く分析能力）
③　適正手続感覚・問題解決能力（関係者の言い分を公平に聴き、適正な手続を踏んで、妥当な解決案を示す能力）
④　法的推論・議論・理論構成能力（適切な理由に基づく合理的な推論・議論によって、きちんとした法的理論構成をする能力）
⑤　正義・衡平感覚（正義・衡平・人権・自由・平等などの法的価値を尊重する感覚）
⑥　バランス感覚（全体的状況を踏まえて各論拠を比較衡量し、バランスのとれた的確な判断を示す能力）

⑦　社会的説明・説得能力（思考や判断の理由・過程・結論などを、関係者や社会一般に向けて説明し説得する能力）

そして田中さんは、〝リーガル・マインド〟は「法による正義の実現のために法律家が備えるべき理想的資質」のことであって、法令や判例・学説についての単なる専門技術的知識（knowledge）ではなく、その知識を具体的特殊的状況の中で正義の実現のために臨機応変に活用する実践的智慧（wisdom）が重要という趣旨だと指摘されています。ということは、〝リーガル・マインド〟とは、人が一生かけて習得し深めていくべきもの、ということになりましょう。

もちろん従来、法学部出身者でもいわゆる法曹（法律家）の道に進むのは一部で、多くは企業や官公庁などを含む実に様々な分野に進み大きな実績をあげてこられたことは、法学部での教育が貴重な意義をもつものであった証しであると同時に、法的な考え方を広く社会に及ぼす上で大きな意味をもってきたと思います。しかし今後は、これから申し上げるような理由から、もう少し多くの人がプロフェッションとしての法律家の道に進んで欲しいと願っているところです。

今日は「法を学ぶことの意義とそれに伴う責務」というような大きな論題を掲げましたが、このような論題はもとよりそれぞれの法領域から様々な視点がありうるはずでありまして、今日これから私が申そうとするのは、私の専門の憲法学の窓を通してのものであることをお断りしておかなければなりません。そして自由で公正な社会を形成・維持するには、「法の支配」、政治権力を統制する立憲制がいかに重要であるか、そこでは法律家の果たす役割がいかに大きいか、を述べることになりますが、〝リーガル・マインド〟に関連して、まずトクヴィルの言説を紹介しておきたいと思います。

(2)　自由で公正な社会を支える基礎としての「法の支配」(法律家精神)

フランス人トクヴィル〔Alexis-Charles-Henri Clérel de Tocqueville, 1805-1859〕は、ジャクソニアン・デモクラシーの一八三〇年代アメリカを旅して、『アメリカにおける民主制』とか『アメリカのデモクラシー』などと邦訳される本を出しました。(3) 彼は、ヨーロッパもいずれ民主制に向かうであろうと予見していたようですが、民主制には従来の歴史にみられなかったような専制(圧制)の形態(今日にいう全体主義的な不気味な姿)がありうることを指摘し(松本礼二訳・第二巻(下)〔第四部第六章・第七章〕)、アメリカがそうならないようにしているものとして地方自治や言論・結社の自由などに触れつつも、「法律家に権威を認め、政治に対して法律家が力を揮《ふる》う余地を残したことが、今日、民主政治の逸脱に対する最大の防壁となっていることが分かる」といいました(松本訳・第一巻(下)〔二六九頁〕)。そして彼は、ヨーロッパでは、法律家が政治権力に取り入って道具として使われたり、逆に政治権力を道具として利用したりしたこともあるとしつつ、アメリカにおいて「民主政治の逸脱に対する最大の防壁」となっているのは司法権とそれを支える法曹〔法律家〕であるといったのです。その理由として彼は〝法律家の一般的特性〟に触れ、こういいました。「法律について特別の研究をした人間は、勉強しているうちに、秩序を好む習慣、形式を好む一定の気持ち、論理に適《かな》ったものの考え方に対するある本能的な愛を身につける」とし、また、「彼らは自然に一つの職業団体を形成」し、必要に応じて一致した行動をとることもある、と〔松本訳・第一巻（下）〔一七〇頁〕〕。

もっとも、この頃のアメリカでは、法曹〔法律家〕の地位はそれほど高いものではなかったといわれます。一九世紀後半になって、法曹養成制度について、従来の徒弟制的なものを改め、学問的裏付けをもった、よりきちんとしたものにしようとする試みがはじまります。特に、一八七〇年、ラングデル〔Christopher C. Langdell, 1826–1906〕という人物がハーバード・ロー・スクールのDean〔学部長〕に就任し、一八九五年までその地位にあって法曹養成制度の質の向上に努めました〔その内容は、法学以外の学士号の取得を入学要件とする、ロー・スクールの課程を三年とする、教授陣と図書館を強化する、教育方法としてケース・メソッドを採用する〔というものでした〕〕(4)。そして専門職としての法曹のあり方に関する規範〔professional ethics, professional responsibility〕が整えられていくことになります。こうした努力が、二〇世紀における司法の威信と法律家の地位の向上につながっていったとみられます。

（3）*De la démocratie en Amérique, t. 1-2*, 1835-1840. 複数の邦語翻訳があるが、講演時最新のものとして、本文引用の松本礼二訳『アメリカのデモクラシー〔全四巻〕』（岩波文庫、二〇〇五～二〇〇八年）がある。同書の理論的・政治的背景については、宇野重規『トクヴィル――平等と不平等の理論家』（講談社学術文庫、二〇一九年）を参照（初出二〇〇七年）。

（4）ラングデルの法思想および教育改革については、柳田幸男＝ダニエル・H・フット『ハーバード卓越の秘密――ハーバードLSの叡智に学ぶ』（有斐閣、二〇一〇年）、および松浦好治「'Law as Science' 論と一九世紀アメリカ法思想――ラングデル法学の意義(1)～(3)」中京法学一六巻二号（一九八一年）五〇頁以下・同一六巻四号（一九八二年）二四頁以下・阪大法学一二五号（一九八二年）五一頁以下を参照。

二　政治権力を法によって統制しようとする人間の営み

(1) 「憲法」（「立憲主義」）観念の誕生

「自由社会」を自分たちの言葉で語り、権力の神話的正統化に挑戦し、権力の合理化（権力の分割と相互牽制）に自覚的に取り組んだのは、人類史上、古代ギリシャ人が最初であったといわれます（田中美知太郎、レーヴェンシュタイン〔Karl Loewenstein, 1891-1973〕など）[5]。ただ、彼らは「法」によって権力の正統化を行いかつ統制するというところまでは至らず、まさにこれをなしとげたのが古代ローマ共和制の人びとであったといわれます。ここでの「法」は成文法だけでなく、祖先の慣習・慣行を含むものであり、しかも法の権威の終局的源泉は人民全体にあるとされ、また、公法と私法の区別がなされたこと、さらに法学者たちが大きな役割を果たしたことなどが注目されるところです（マッキルウィン〔Charles Howard McIlwain, 1871-1968〕など）。(6)

もっとも、こうした姿は、帝政への移行に伴って変わっていきますが（「皇帝の是認したものが法の効力をもつ」とか「皇帝は法の拘束を受けない」といった表現がみられるようになります）、ローマ共和制の立憲主義の本質をよく受け継いだのが中世イギリスでした。その姿は、一三世紀のブラクトン〔Henry de Bracton, 1210-1268〕という人物の、「国王は何人の下にもあるべきではない。ただ、国王といえども神と法の下にある」という言葉に象徴されています。大事なのは「統治」と「司法」の区別で、「統治」にあっては国王の自由裁量が許されるが、「司法」にあっては裁判官が法に従って決定するところに国王といえども従わなければならない、というものでした。こうして形成される法体系は一二一五年のマグナ・カルタも吸収しつつ発展していくことになります（コモン・ロー体系）。ここでも法律家の果たす役割は大きく、中世立憲主義などと称されるところです。(7)

(2) 近代立憲主義の成立とその後の展開

一六世紀に入ると、ヨーロッパでは国王中心の近代国家への脱皮の傾向が生じ（いわゆる絶対主義化）、イギリスも例外ではありませんでした。特にステュアート朝〔第一次〕一六〇三～四九年）に入ると、国王は「司法」に手を伸ばしてきました。それに対してコモン・ロー裁判所、さらに勃興する市民階級を背景に議会も猛反発し、一六四九年のピューリタン革命（国王の処刑）が起こります。ただ、その苛烈な独裁に対する嫌悪感もあって、王政復古（一六六〇年）、さらに名誉革命（一六八八年）へと事態は展開し、激動の一世紀を経て成立したのは、ホッブズ、ロックに代表される近代自然権思想における社会契約説を理論的背景とする、自由（法の支配）と責任政治（議会主権）の結合した「根本法《ファンダメンタル・ロー》」による統治という近代的な憲法観念でした。ために、イギリスは近代憲法（近代立憲主義）の〝母国〟と呼ばれるようになります。[8]

もっとも、イギリスでは、この「根本法」は「憲法」と銘打った成文法典の制定という形をとりませんでしたが、この体制は次第に成熟していくことになります（時代は飛びますが、一八六七年出版のウォルター・バジョット〔Walter Bagehot, 1826-77〕の『イギリス憲政論』は、当時のイギリスの憲法・政治状況を描き出した名著として知られますが、一昨年出版の三谷太一郎さんの『日本の近代とは何であったか』〔岩波新書、二〇一七年〕は、そのバジョットが一八七二年の著『自然学と政治学』において、慣習の支配する「前近代」とは異なる「複雑な時代」である「近代」の政治のあるべき姿を「議論による統治」（government by discussion）に求めたことに注目し、それこそが、社会の徒な固定化を避け、同時に度を越す行動を抑止し、「自由」と「秩序」を両立させようとする政治社会にとって必須の思慮・熟慮を確保する土台であったことを示唆してとても印象的でした)。

こうしたイギリスの行き方に対して、画期をもたらしたのが、一七七六年の独立宣言にはじまるアメリカ各邦での成文憲法の制定、そして一七八八年発効の合衆国憲法でした(なお、一七九一年に憲法修正一〇か条として「権利章典」が付加されています)。それは、人民主権と高次法《ハイアー・ロー》(根本法)思想を背景に、主権者たる人民が自ら(つまり憲法制定権力として)、人権の保障と権力分立(抑制・均衡)を定める成文憲法を制定して政府を創設する、というものでありました。それは、イギリスの法体系・憲法観念を基礎として、一八世紀ヨーロッパにおける自然法思想の影響を受けつつの、歴史的意義をもつ所業でした(9)。あのトーマス・ペイン〔Thomas Paine, 1737-1809〕は、憲法というものは、政府の行為ではなく人民の行為であり、政府は憲法の所産にすぎないと述べたものです(10)(この論法に形式的にこだわれば、近代憲法の母国イギリスは〝憲法なき国家〟ということになりそうですが、もとよりそのようには理解されていません(11))。合衆国憲法でもう一つの大きな特徴は、人民の制定した憲法は国の「最高法規」であって、それを確保すべく司法部門に違憲審査権を担わせたことです(これを明確にしたのが、一八〇三年のマーベリ対マディソン事件判決でした(12))。

そして一七八九年、フランス革命が起こり、「人は、自由かつ権利において平等なものとして出生し、かつ生存する」、「権利の保障が確保されず、権力の分立が規定されないすべての社会は、憲法をもつものでない」などの有名な規定を含む「人および市民の権利宣言」が発せられます

（高木八尺＝末延三次＝宮沢俊義編『人権宣言集』（山本桂一訳）による〔一三一頁以下〕）。この革命は旧体制《アンシャン・レジーム》を一気に解体しようとする根源的革命で、体制は目まぐるしく変転、落着きをみせるのは一八七五年の第三共和制になってからでした。この国では、一般意思の表明とされる法律が重視され、他面、旧体制下の苦い経験から司法不信が強く、アメリカのような司法審査制（違憲審査制）が浮上することはありませんでした。そうした中にあって、近代市民法秩序の確かな礎を築いた一九世紀初頭制定の民法典（ナポレオン法典）の大きな意義に留意する必要があります。

この二つの革命、特にフランス革命の衝撃は大きく、ヨーロッパ諸国は成文憲法を制定して国民国家の形成に乗り出すことになります。そして一八七一年には「ドイツ帝国憲法」の制定を見、統一国家ドイツが成立することになります。明治二二（一八八九）年制定の大日本帝国憲法（明治憲法）も、こうした歴史的文脈において捉えることができます。

一九世紀は法実証主義の世紀といわれますが、特徴的なことは、人権観念がすっかり消え去っていたことです。明治維新期には天賦人権論が主張されますが、明治憲法はそれを明確に退けてのものであったことはご承知の通りです。また、国家理論・憲法理論について日本が大きな影響を受けた当時のドイツでは、法的権威の唯一の源泉は国家自体にあり、その国家権力に対する制限は国家の自発的服従（いわゆる国家の自己制限）であるという考え方が支配的であり、さらに、法律等に対する憲法の優位性（最高法規性）については、その地位・権限が憲法に基礎づけられ吸収され尽くされることを嫌う君主の意向も反映して否定的見解がとられていたということが注目されます。こうしたことは、司法審査制（違憲審査制）を敬遠ないし忌避することに通じます。因みに、明治憲法下にあって、司法審査制（違憲審査制）につき肯定・否定の両説があり、それぞれの理由は一様ではありませんでしたが、否定説が支配的であり、裁判所も自らの権限として認めようとしませんでした。

統一ドイツは、君主が強い指導力を発揮する立憲君主制の下で、急速に強大な国家へと成長し、世紀末ドイツ帝国の首都ベルリンは「世界都市」と呼ばれ、軍人が高い地位を誇るだけでなく、学問（特に自然科学）の分野において飛び抜けた実績を誇るという状態にありました。19世紀後半から20世紀初頭にかけてのこの時期を「第一次グローバル化」の時代と呼び、民族主義の勃興や制御を喪失したナショナリズムの台頭などが指摘されますが、その行き着く先が、一九一四年に勃発した第一次世界大戦でした。

（5） 田中美知太郎『人間であること』（文藝春秋、一九八四年）一二四頁、K・レーヴェンシュタイン（佐藤幸治＝平松毅訳）『比較憲法論序説』（世界思想社、一九七二年）五頁。

（6） 憲法思想史にかかわるマッキルウィンの理解については、Charles Howard McIlwain, *Constitutionalism: Ancient and Modern*, Ithaca: Cornell University Press, 1940（C・H・マクワルワイン〔森岡敬一郎訳〕『立憲主義その成立過程』〔慶応通信、一九六六年〕）を参照。

(7)　こうした古典的立憲主義および中世立憲主義への展開の概要については、佐藤・後掲『立憲主義について』三七～五〇頁参照。
(8)　イギリスにおけるこのような事態の展開の概要については、同前五〇～六三頁参照。
(9)　この点につき示唆的な文献として、Thomas C. Grey, Origins of the Unwritten Constitution: Fundamental Law in American Revolutionary Thought, 30 Stanford Law Review 843 (1978). また、種谷春洋『アメリカ人権宣言史論』（有斐閣、一九七一年）、『近代自然法学と権利宣言の成立』（有斐閣、一九八〇年）、『近代寛容思想と信教自由の成立』（成文堂、一九八六年）参照。
(10)　トマス・ペイン（西川正身訳）『人間の権利』（岩波文庫、一九七一年）七四頁。
(11)　なお、Dieter Grimm, *Constitutionalism*, Oxford, 2016, pp. 357-376を参照。
(12)　この点については多数の文献があるが、例えば、阿川・後掲書のほか、畑博行『アメリカの政治と連邦最高裁判所』（有信堂高文社、一九九二年）を繙かれたい。

三　現代立憲主義成立の背景と特質

(1)　現代立憲主義成立の背景

科学技術を結集し、国民を総動員してのこの戦争（総力戦）は、予想外に長期化し（その間に一九一七年にロシア革命勃発）、多大の犠牲者を出して（ドイツ軍の戦死者一八〇万、戦傷者四二五万、フランス側の死者・行方不明者一四〇万。およそ一九世紀的な「戦争」概念を越えるものでした[13]）、一九一八年の一一月革命により帝国憲法体制は崩壊し、一九一九年に「ドイツ共和国憲法」（いわゆるワイマール憲法）が成立します。前文には「ドイツ国民は、……この憲法を制定した」とあり、政府は専ら憲法により創設・規律され、憲法に従って行為しなければならないことが明確にされました。選挙・国民投票等の民主制に関する諸規定、各種「基本権」保障規定、労働基本権の保障や包括的保険制度の設立など、当時にあって先端的な事柄を憲法典のレベルで表現したものとして注目さるべきものでありました。

当時の他国の状況ですが、イギリスの帝国主義は莫大な富の増大をもたらしたとはいえ、二〇世紀に入り長いヴィクトリア女王の治世（一八三七〜一九〇一年）が終わる頃、上位一％の富裕層が国民所得の二〇％以上を得（資産面でみればさらに大きな格差）、ロンドンの人口の三〇％以上が貧困状態にあったといわれます。世紀末からこの頃にかけてイギリスにおいて、そしてアメリカにおいても、労働運動・社会運動が活発化し、大衆民主主義的傾向の進行がみられ、両国ともいわゆる「積極国家」「社会（福祉）国家」に向かうエネルギーを蓄積しつつある時期にあったといえます。

この時期のことで、今日の論題に関係してもう一つ触れておかなければならないのは、純粋法学のハンス・ケルゼン〔Hans Kelsen, 1881-1973〕の起草になる一九二〇年制定のオーストリア憲法が憲法裁判所を設置したことです。(14)

問題は、ワイマール憲法が辿った悲劇的結末でした。様々な要因の重なる中で[15]左右の激しい対立が続き、議会は機能不全に陥り、大統領の緊急命令による立法が常態化します。そして一九三三年一月、大統領はついにヒトラーを首相に任命、三月には「全権委任法」が成立し、彼は仕たい放題の権力を手に入れます。その支配の下で経済は活性化し（例えば、失業者は三三年には六〇〇万以上であったのが、三七年秋には五〇万以下に）、それがもたらす威信や軍事力を背景に、一九三九年九月、ドイツ軍はポーランドに進撃し、第二次世界大戦がはじまります。

よく知られたこの全体主義体制の暴虐性については様々な観点から論じられてきたところですが、今日の論題との関係で、ここではシャピーロの次の分析に触れておきたいと思います（シャピーロ（河合秀和訳）『全体主義――ヒットラー・ムッソリーニ・スターリン』〔福村出版、一九七七年〕）。彼は、政体の「様相」ないし「輪郭」と支配の「道具」とを区別し、前者について「指導者」「法秩序の従属化」「私的道徳に対する統制」「動員と大衆的正統性」を挙げ、この体制は一党支配であるとか国家が社会を呑み尽くしたとかいったことではなく、むしろ逆に「指導者」なる者が自己の上昇の手段となった党や国家を破壊してその私的支配を布こうとするものであったといいます〔三五頁〕。

そして「法秩序の従属化」について、次のようにいいます。かつて国王が法の上にあるという主張も例外的にあったにせよ、国王が法の下にあるというのが中世の基本的な姿であり、絶対主義の最盛期でさえ、法から解放された君主の権利ないし特権は実際上の制約が全くなかったわけではなく、過激な動きも結局は君主自身も法に従っているという観念への動きに凌駕されていった、と。然るに、ヒトラーは、ドイツ人が国家に対して示す「まったく犬のような崇拝ぶり」を嘲笑し、国家の権威をそれ自身として尊敬することを「狂気と愚かさ」であると片づけ、また、彼とその頭株の部下は、ドイツにおいてなお「法秩序」が残っていることにしばしば不満をもらし、法律家をひどく軽蔑していた、と指摘しています〔三八～三九頁〕。

第二次世界大戦は、第一次世界大戦よりはるかに大規模で、かつ一層進んだ「科学技術」の生み出したものであり〔原爆はその象徴です〕、それによる犠牲者の数は気の遠くなるようなすさまじいものでした。

(2) 現代立憲主義の特質

一九四五年六月のサンフランシスコ会議で採択された国連を創設するための国連憲章の冒頭に、次のような一節があります。「……われらの一生のうちに二度まで言語に絶する悲哀を人類に与えた戦争の惨害から将来の世代を救い、基本的人権と人間の尊厳及び価値と男女及び大小各国の同権とに関する信念をあらためて確認し、……」。

全体主義体制の下に三国同盟を結んで破れた日独伊は、ここに復活した「基本的人権と人間の尊厳及び価値」を基礎に据えて、安定した活動力を備えかつ権力の濫用を有効に阻止しうる体制を構築する憲法を制定して再生を図ることを迫られることになりました。

これらの憲法は、近代立憲主義の原点に立ち返りつつ、同時に、われわれのおかれた時代環境への真剣な省察を加え、日本国憲法前文にあるように「われらとわれらの子孫のために」自由で公正な社会を築こうとする決意の表明という意味合いをもつことになります。ここに「われわれのおかれた時代環境への真剣な省察」とは、〝格差（差別）・貧困〟、〝全体主義〟そして（科学技術の凝集物である）〝戦争〟のそれぞれの問題にどのように適正に対処していくかの根本的な問いにかかわるものであったと思います。

われわれが現代立憲主義なるものを考えるとすれば、この三国の憲法によく具現されているように、次の五点に要約されうるのではないかと理解してきました。

① 主権者たる国民が、法律を含む他の法形式と区別される「憲法」（時には「基本法」）と称する成文法を自ら（いわゆる憲法制定権力として）制定すること

② その成文法が、政府（統治権力）の正統性の唯一の法的根拠となること

③ その成文法は、人間（個人）の尊厳を基礎とする基本的人権を保障すると同時に、統治権力の実効性を確保しつつも、その濫用を有効に防止するための統治構造（権力分立ないし抑制・均衡）を定めること

④　その成文法は法律を含む他の法形式に対して強い形式的効力をもって優位し、その優位性を確保するため独立した機関（司法裁判所、憲法裁判所）が違憲審査権をもつこと

⑤　戦争が立憲主義にとって〝敵〟ともいうべき大変厄介なものであることに鑑み、平和への志向を様々な形で憲法典を通じて明らかにすること

この要約をお聞きになって、近代立憲主義憲法として言及したアメリカの憲法によく似ていると思われるかもしれません。そうなんです。アメリカの憲法は、近代立憲主義憲法とはいっても、既に現代立憲主義憲法の〝原点〟というべきものであったといえます。

今日の論題との関係で特に注目したいのは、④です。既に触れたように、特殊アメリカ的制度として敬遠ないし忌避されていた違憲審査制が現代立憲主義の枢要な制度として浮上したということです。ヨーロッパの場合は、憲法裁判所という形をとりましたが、いずれにしても、民主制の逸脱（全体主義化）を防ぐには法による統制が欠かせないとみたトクヴィルの慧眼に脱帽するばかりです。

現代立憲主義に関しもう一つ述べておきたいのは、そこにいう人間の尊厳・基本的人権の保障という中に福祉にかかわる社会権的なものが含まれ、社会（福祉）国家・積極国家的志向を伴っているということです。そしてそれは、全体主義と戦った英米でも共有されるものでありました。

もちろんイギリスに成文憲法はありませんし、アメリカの憲法（典）はそれに直接かかわる規定をもっているわけではありません。一九世紀末から二〇世紀初頭にかけての英米における労働運動・社会運動の高まりについては既に触れましたが、この時期のイギリスでは、〝自由放任〟から脱して福祉に向かう「新自由主義《ニュー・リベラリズム》」の流れがあり、一九四五年誕生のアトリー労働党内閣は「ゆりかごから墓場まで」の実現を目指しました。アメリカでも、最高裁判所の憲法解釈の大転換を伴いつつの（例えば、労働時間の制限などの社会立法を「契約の自由」などを侵害し違憲であるとする、というような解釈を変更）[16]、ニュー・ディール政策の推進があり、さらなる福祉の充実や黒人差別の解消などに向けた動きが顕在化してきます。

そして一九七一年、こうした動向を受け止めつつ、さらにあるべき社会についての深い省察へと誘う象徴的な書物が現れます。「公正としての正義」と名づけてのJ・ロールズ〔John Rawls, 1921-2002〕の『正義論』（A Theory of Justice）がそれで[17]、個人の基本的自由を基礎に据えつつ、社会的弱者に配慮する、本格的な実質的正義論の展開として各方面で注目されました。

しかし、実はこの頃から、こうした〝戦後のコンセンサス〟というべきものに対する批判が台頭し、次第に勢いを増してくることになります。この点については最後の五に述べることにして、まず、日本の「司法」に関し少し立ち入って論じておきたいと思います。

(13) この数値については、坂井榮八郎『ドイツ史一〇講』(岩波新書、二〇〇三年)一六七頁を参照。
(14) ケルゼンの趣意、「一九二八年ドイツ国法学者大会」にみられる当時の学者たちの考え方などに関し、長尾龍一『ケルゼン研究Ⅲ』(慈学社出版、二〇一三年)一三五〜一七七頁参照。また、ケルゼン(長尾龍一＝植田俊太郎訳)『民主主義の本質と価値　他一篇』(岩波文庫、二〇一五年)の訳者解説も参照。
(15) この点につき、ライナー・ヴァール(石塚壮太郎訳)「ワイマール憲法――十分な民主主義者なき民主制」工藤達朗ほか編『憲法学の創造的展開(戸波江二先生古稀記念)上巻』(信山社、二〇一七年)八三頁、一〇〇〜一〇五頁を参照。
(16) ニューディール政策を違憲とした一連の合衆国最高裁判決における憲法解釈が後に変更された背景については、阿川尚之『憲法で読むアメリカ史(下)』(PHP新書、二〇〇四年)一七〇〜一八七頁を参照。
(17) 最新の翻訳として、ジョン・ロールズ(川本隆史ほか訳)『正義論〔改訂版〕』(紀伊國屋書店、二〇一〇年)。

四　世紀の転換期における我が国の「司法改革」の意味

(1) 明治憲法下の「司法」の特徴と日本国憲法の描く「司法」

昭和二二(一九四七)年、三淵忠彦初代最高裁判所長官は、新しい司法制度の船出にあたって、次のような趣旨のメッセージを発しました。裁判所は「真実に国民の裁判所になりきらねばならぬ」、裁判所は従来の事件を扱うほか、法令や処分が憲法に違反した場合には「断乎として、その憲法違反たることを宣言して……いわゆる憲法の番人たる役目をつくさねばなりません[18]」、と。そこには、明治憲法下の司法のあり方への省察とともに、日本国憲法が託そうとした役割に対する高揚した思いと同時に不安を伴う責任感を感じさせるものがあります。

まず、明治憲法下の「司法」ですが、近代国家の形成を目指した明治政府にとって、法典整備と並んで近代的な「司法」をどうつくるかは重要な課題であったはずですけれども、どうも第二義的にしかみていなかったのではないかの印象をぬぐい切れません。そのことは、①「司法権」の範囲の限定性（民事・刑事の裁判権のみで、行政事件の裁判権や違憲審査権を含まず）、②「司法権」の㋑担い手の曖昧性および㋺独立の稀薄性、となって現れています。

①はヨーロッパの動向に倣ったままでということはできますが、問題は②です。明治憲法は司法権の独立について正面から規定していません。が、裁判官の身分保障について定めているところから、司法権の独立ありとされ、大津事件はそのことを確固たるものにしたと受け止められました。しかし事態はそう単純なものではなく、裁判所構成法や司法省官制により、裁判所や裁判官は行政機関である司法省の下におかれ（裁判所の人事や予算は司法省の権限でした）、大審院判事であった尾佐竹猛が、「司法権独立が高唱されるときは常に検事の独立の意味である[19]」と述べるような状況があったのです。裁判官の間で「司法権独立運動」が展開され、弁護士は法曹一元制を

求めましたが、明治憲法下では実現をみませんでした。

そして敗戦、日本国憲法の制定です。マッカーサー草案六八条一項にあった「強力にして独立の司法府は人民の権利の堡塁にして」という文言は削られましたが、同条に相当する〔日本国憲法〕七六条一項は「すべて司法権は、最高裁判所及び法律に定めるところにより設置する下級裁判所に属する」と定めて、司法権の裁判所への帰属性を明確にしました。そして司法権の範囲を拡大するとともに司法権の独立を強化したことはご承知の通りです（なお、憲法〔七七条一項〕が「弁護士」という職業に言及していることにもっと注目して然るべきだと私は思っています）。

裁判所構成法は改正されて[20]裁判所法となり、さらに検察庁法、弁護士法が制定され、三者がそれぞれ独自の役割を果たす中で広い意味での「国民の司法」を形成し、それを背景に「裁判所」が三権の一翼を担うにふさわしい存在となる、これが憲法の期待するところであったといえます。

最大の課題は、こうした「国民の司法」を支える法曹をどう養成するかでした。明治憲法下では、判事・検事を養成する道と弁護士を養成する道とは別々の二本立てでした。日本国憲法下ではこれでよいのかということもあって、憲法施行後間もなく司法研修所を設けて法曹三者の「統一修習」が行われることになります。これはわが国の法曹養成の歴史上画期的なことで、弁護士界もいわば〝入口〟における法曹一元として歓迎しました。そして法曹人口も徐々に増え、臨時司法制度調査会意見書が出た昭和三九（一九六四）年には、司法試験合格者数がはじめて五〇〇人台に乗りました。

ところがその後は増えず、むしろ基本的に四〇〇〇人台が続き、日本の司法は内向きに小さく固まってしまうのです。

その理由はいろいろ考えられるのですが（今触れた調査会意見書が、弁護士会が強く求めた法曹一元制について、一つの望ましい制度ではあるが、導入の条件は整っていないとしたことへの反発も影響したと思われます）、司法研修所における「統一修習」が本来もっていた性格に由来するところが多分にあったのではないかと思われます。早野貴文弁護士は、「統一修習」について次のように述べています。「キャリア型の司法を維持する一方、司法研修所制度を前提に、司法試験を競争試験・採用試験的に運用して新規参入を統御するもとで、規模において比較的小ぶりの、均質性が高く裁判および裁判関連業務を基本かつ主要な活動領域とする法曹のコミュニティーを形成し維持」するものであった、と。[21] しかし長期にわたってこうした状況を持続せしめたものは何かを考えると、法曹はもとより法学に関係する人たち（もちろん私もその一人ですが）の憲法の求める「司法」についての理解が十分でなかったということに行き着かざるをえないように思われます。

その結果は、欧米諸国と比べて、日本の法曹人口の極端な少なさです（一九九七年頃の法曹一人あたりの国民の数は、アメリカ二九〇人、イギリスとドイツは七〇〇人超、フランスは一六四〇人、日本は六三〇〇人でした）。そして、先進国といわれる高度に複雑化する社会にあって、日本の司法は国民の法的生活を広く支えているといえるのかの声が次第に聞かれるようになり、一九八〇年代後半には法曹界でも危機意識が高まり、日本の司法は本来やるべき仕事の二割しかやれていないという主張（〝二割司法説〟）さえ唱えられるようになります。こうした声、危機意識は、一九九〇年代に入ると、グローバリゼーションの顕在化する中で、経済界も含めて広がっていきました。

一九九〇年代の日本は、バブル経済の崩壊、グローバル化への対応等々厳しく困難な状況に陥り、政治改革をはじめ様々な「改革」が試みられ、「法の支配」の拡充発展を図るため早急に司法改革に取り組むことを求める行政改革会議の最終報告（一九九七年）を受ける形で、一九九九年に司法制度改革審議会が発足することになります。

(2) 「司法改革」の目指したこと

司法制度改革審議会意見書（二〇〇一年）は、「二一世紀の我が国社会において司法に期待される役割」について次のようにいいます。「法の支配の理念に基づき、すべての当事者を対等の地位に置き、公平な第三者が適正かつ透明な手続により公正な法的ルール・原理に基づいて判断を示す司法部門が、政治部門と並んで、『公共性の空間』を支える柱とならなければならない」。そして制度的基盤の整備、人的基盤の拡充、国民的基盤の確立（国民の司法参加）に関する様々な提言を行いました。

政治はよく「目的―手段」図式で捉えられ、その複雑な連鎖にかかわる議会を中心とする場があります。先にバジョットの「議論による統治」に触れましたが、それは政治の領域において必要な思慮・熟慮を確保するための「公共性の空間」であり、〝政治のフォーラム〟と称すべきものです。

対して「要件―効果」図式で捉えられる〝司法のフォーラム〟があり、立憲制を支えるには〝政治のフォーラム〟と並んで〝司法のフォーラム〟も重要だと意見書は強調しているものと理解されます。

この〝司法のフォーラム〟は、意見書も示唆するように、典型的には、①憲法を頂点とする実定法規範に準拠して、②当事者主義の下、適正かつ透明な手続により、③具体的な権利義務ないし刑罰権の存否につき権威的に判断確定する、という制度構造をもつ場です。そしてこの場は、法の解釈・適用に関する専門的知識・技法を中核とするいわゆる〝リーガル・マインド〟を備えていると措定される「プロフェッション」たる法曹の関与の下で進められるものであって、古代ギリシャ・ローマ以来の「法の賢慮（juris prudentia）」という実践知の伝統を継承するとされるものです。司法改革の究極の目的は、この〝司法のフォーラム〟をもっと豊かなものにしようとするところにあるといえましょう。

改革の目指したことをもう少し立ち入って平たくいえば、①法曹が、医師のように国民の身近にあって広くその法的生活を支え、それを背景に、②司法が三権の一翼を担うにより相応しい存在となり、また、③グローバリゼーションにも立ち向かいうるようにする、ということでした。身近で分かりやすく、公正で頼もしく、速くて利用しやすい「国民の司法」の構築です。これを可能にするには、まず何よりも質量ともに豊かなプロフェッションたる法曹を得なければなりません。

そこでとられたのが、法科大学院を中核とする新たな法曹養成制度でした。そこには、欧米諸国の法曹養成制度を参考にした面も当然ありますが、従来の日本の制度、特に司法試験制度への深い反省がありました。

古来ヨーロッパでは法曹（法律家）は医師と並ぶ力量・人間性（教養）・倫理性の強く求められる（それに相応して人びとの特別の敬意を受ける）プロフェッションと捉えられ、それを基盤にしつつ、現在の法曹養成制度へと発展してきたものです（そのごく一端は、冒頭でアメリカのロー・スクールについて言及したところです）。こうした外国での動向を参考にしつつも、司法改革で新たな法曹養成制度へと踏み出させたのは、従来の司法試験制度に潜む問題・課題でした。

従来の制度は、誰にも開かれているという長所はありましたが、他面、どういう教育課程を経たかを問いません。それは、身体上の医師の場合と決定的に異なるところです。医師の場合は相当の年数をかけた教育課程があり、他方、医師試験はそれほど難しいものとはされていないといわれます。対して旧司法試験の場合は、年を追うにつれ試験競争は苛烈になり（合格率は二％前後）、法学部に入学してもすぐ予備校に通い、いかに試験向けに効率的に勉強して早く通るかが主要な関心事となるというような状況が生じました。そして試験の答案の表現・内容の余りの画一化に採点困難との試験委員の嘆きが聞かれるようになりました（私もそうした経験をしています）。「統一修習」の性格については既に言及しましたが、国民の法的生活を広く支える、また、グローバル化にも対応する、となると、法曹人口の大幅な増員は避けられず、さらには、法曹（特に弁護士）には、裁判関連業務に限らず多様な資質・知識・技能が求められるであろうことも確かなことでした。

そこで〝一発試験〟で決めるのではなく、教育課程を重視する、つまり〝点〟から〝プロセス〟へと転換を図らなければならない、ということになり、法科大学院を中核とする制度に行き着いたのです。この制度の神髄は、法学研究者と法実務家とが協働しながら、最初に述べた〝リーガル・マインド〟の基礎教育をしっかりやるという点にあります。

ただ、一度に多くの法科大学院ができ、司法試験が医師試験の場合のように法科大学院における教育課程を十分に考慮したものとならず、新司法試験合格者数を三千人とする目標もいろいろな事情が重なって達成できなかった、等々で新法曹養成制度は苦戦を強いられてきました[22]。

しかしこの間、二〇〇〇年当時二万人ほどの法曹人口は四万五千人以上になり、そのうち法科大学院修了者は二万人を越えています。二〇〇〇年当時の弁護士人口は一万七千人ほどでしたが、今や四万人を越え（なお、この原稿執筆中の二〇一九年二月七日付『朝日新聞』によると、弁護士数四万一一七二人となっています）、ようやく大きな法律事務所もでき、組織内弁護士も大きく増え、いわゆる「市民に寄り添う弁護士」も多く誕生しました。最初の頃はことさらに質が落ちたなどの弁護士の声を耳にしましたが、そういう声も次第に聞かれなくなり、むしろ今では法科大学院できちっと課程を踏んで勉強した人は違います、といった声を耳にするようになりました。

司法改革でようやく法律扶助制度が設けられ、総合法律支援事務所（法テラス）ができ、日弁連の公設法律事務所の活動と相俟って、「国民の司法」への貴重な道筋ができました。そこで働く若い弁護士の活動の様子を、日弁連の機関誌『自由と正義』など様々な筋を通じて知ることができ、いつも勇気づけられています。

これまで弁護士の〝就職難〟の喧伝等もあって入学志願者の減少を招き、合格者数は一五〇〇人台になりましたが、昨今では、法テラスは必要な弁護士をほとんど採れなかったとか、企業に欲しい弁護士が来てくれないといった声を時には耳にしています。自己の人生をかけて本当にやりたいこと、やりがいのあることは何かを思い定めて道を選んでいただきたいと思うのは、私の歳のせいでしょうか。

(18)　昭和二二年八月五日朝日新聞朝刊一頁。

(19)　尾佐竹猛『判事と検事と警察』（総葉社書店、一九二六年）三頁。三谷太一郎『増補　政治制度としての陪審制――近代日本の司法権と政治』（東京大学出版会、二〇一三年）七一～七四頁も参照。

(20)　裁判所法附則第二文により、裁判所構成法等は「廃止」されている。

(21)　早野貴文「統一修習の歴史的背景と現実の機能」法曹養成と臨床教育五号（二〇一二年）三二頁。

(22)　この点については、佐藤幸治「特別講演　法曹養成制度の理念と現状そして展望　何が現状を招いたか」法曹養成と臨床教育一〇号（二〇一八年）八頁以下も併せて参照されたい。

五　現今の時代状況と「司法」（法律家）の責務

(1)　現今の時代状況――〝戦後のコンセンサス〟の揺らぎ

三の最後のところで、〝戦後のコンセンサス〟の集大成ないし象徴ともいうべきJ・ロールズの『正義論』（一九七一年）に触れ、それがこの頃から厳しい批判に晒されるようになったことに触れました。

ロールズの論は、①第一原理（基本的自由の平等の保障）と②第二原理（社会的経済的不平等は、㋑それが、「公正な機会の均等」という条件の下ですべての人びとに開かれた職務と地位に伴うものであり（公正な機会均等の原理）、また、㋺それが、社会の中で最も不利な状況にある人にとって最大の利益になるようにする（格差原理）〔場合にのみ許容される〕）とにより構成されるものでした[23]（なお、ロールズは、福祉国家には、それが富の不平等を解消しないという理由で、必ずしも賛成ではなく、財産所有〔owing-property〕民主制を主張しました[24]）。

ところが、一九七四年、個人の自由を強烈に主張し、累進課税は強制労働と変わらないなどと主張するノージック〔Robert Nozick, 1938-2002〕の『アナーキー・国家・ユートピア』（Anarchy, State, and Utopia）が現われ、早くから「自生的秩序」論を掲げて積極国家・福祉国家は個人の自由と法の支配の衰退をもたらすと批判していたハイエク〔Friedrich August von Hayek, 1899-1992〕も含むリバタリアニズム（自由至上主義）と呼ばれる思潮が台頭し、これを受けるような形で、70年代末から80年代はじめにかけて成立した英米の政権は、「新自由主義《ネオ・リベラリズム》」と呼ばれる政策を追求しはじめました。そして一九九一年のソ連の崩壊もあり、さらにIT革命も絡んで、急速にグローバリゼーションが顕在化しました。

一九八〇年代に入った頃でしょうか、トフラー〔Alvin Toffler, 1928-2016〕の「第三の波」論が関心を集めておりました。それは、「第一の波（農業革命）」、「第二の波（産業革命）」に続いてくる、エレクトロニクスや半導体などを中心とする新しい産業形態を基盤に成立する文明で、より健全かつ人間にふさわしい生活をもたらすというもののようでした[25]。こうした主張とそれを生み出すような実態が、グローバリゼーションの進行と深いかかわりをもったことも否定できないと思います。かかるトフラー的主張に関し、ギリシャ哲学の藤沢令夫さんは、観想知〔科学〕と製作知〔技術〕が直接合体して「科学技術《テクノロジー》」という巨大な奔流がますます強まり、行為知〔実践的知恵・思慮〕の位置・あり様が一層難しいものになることを指摘しながら、「人間本来の生き方と行為のあり方を確保すべく刻々の努力を継続すること、しかありえないだろう」と吐露していました（『哲学の課題』〔岩波書店、一九八九年、一〇五～一二六頁（引用は一二五頁）〕）。

ロールズの正義論は、自由と平等の調和のとれた公正な社会のあり方の設計図を真剣に描かんとしたのに対し、リバタリアニズムは、そうした設計に無関心に、あるいは設計といった発想そのものを拒否して、自由そのものの至上性を掲げて走り出した、というように私には思えてならないものがあります。

(2)　「法の支配」の保持と法律家の責務

一九九〇年代初頭、アメリカの歴史学者メイヤー〔Charles S. Maier, 1939-〕は、冷戦における勝利も、今や排外主義の台頭、伝統的政党への不信、政治に対する冷めた態度によって急速に色あせ、われわれは「民主主義の『道徳的危機』のただなかにある」と述べましたが〔中央公論一九九四年一〇月号〔四二九頁以下「民主主義の道徳的危機」〕による〕、グローバリゼーションの進行する中で様々な出来事が生じました。アメリカに端を発する二〇〇八年の超弩級の金融危機リーマン・ショックは未だ記憶に新しいところですが、最も被害を受けたのは中・下層階級であることが指摘されています。そして経済格差・生活格差の問題が世界のあちこちで強調され、今や新たな〝階級社会〟の出現（貧困の問題）が指摘されるようになりました（橋本健二『新・日本の階級社会』〔講談社現代新書、二〇一八年〕は、日本も〝階級社会〟であると断じ、階級構造の底辺に位置する低賃金で雇用不安定な層を「アンダークラス」と呼び、その比率が増加する傾向を指摘しています）。

グローバリゼーションは、本質上、それぞれの国家（国民）の自己決定という要素を制約するという意味合いをもっています。したがってそれは、状況いかんによっては、国家（国民）の強い感情的反発を招く要素を常に潜在させており、その反発は煽動に長ずる人物にすべてを委ねてしまいがちであることも意識しておく必要があります。まさにそのことが今の世界のあちこちで生じていることですが、現代立憲主義の〝原点〟というべき国、第二次世界大戦後の世界をリードしてきたアメリカで今生じている事態は、それだけにまことに深刻な意味を含んでいるといわなければなりません（アメリカの政治学者ダニエル・ジブラット〔Daniel Ziblatt, 1972-〕は、「トランプ政権の誕生前も今も民主主義は確かに、脈を打っています。ただ、過去二〇〇年以上存在しなかったような危機に直面しているのは事実です」と述べています（『朝日新聞』二〇一九年一月八日））。

今日の論題との関係でいえば、憲法裁判所をもつトルコの専制主義的な状況も気になりますが、二〇〇四年にＥＵに加盟し評価も高い憲法裁判所をもつハンガリーにおいて、二〇一〇年に右派政権が誕生すると、憲法裁判所の弱体化を図り[26]、同じく二〇〇四年にEU加盟のポーランドでも司法を抑え込もうとする方向にあるといわれていることが気になるところです[27]。最初のところで、「民主政治の逸脱に対する最大の防壁」は司法権とそれを支える法曹（法律家）の存在であるとするトクヴィルの言説に触れましたが、民主主義がおかしくなるときは必ず法の支配（「司法」）の危機を伴っていることを肝に銘じ、そうならないようにするためにわれわれは不断に強靱な「司法」を育んでいく努力を続けなければならないことを痛切に思います。

合衆国最高裁判所のブライヤー〔Stephen Breyer〕裁判官（二〇二二年に退官）のMaking Our Democracy Work: A Judge's View（2010）は、二〇〇年以上にわたる起伏に富む歴史を辿りながら、アメリカの国民が最高裁判所の憲法解釈に従うようになった過程と理由を明らかにしようとした大変滋味に富む書ですが[28]、その訳書である大久保史郎監訳『アメリカ最高裁判所――民主主義を活かす』の「日本語版　序」（二〇一五年執筆）にこういう一節があります。「今日の世界において、エイブラハム・リンカーン時代の騒然たる世界のときと同様に、わが政府であれ、どの政府であれ、『自由の精神を母体として生まれ、すべての人は平等に造られているという命題に捧げられる存在として、……永続することが可能だろうか』〔ゲティスバーグ演説の冒頭の一句〕と問う人々がいます」、と。そしてブライヤー裁判官は、ナチスのフランス占領にもとづく寓話である、カミュ〔Albert Camus, 1913-1960〕の小説『ペスト』に触れながら、「こうした性質の政府は永く存続しなければならないと信じ」る私たちは、「恣意的支配」（不正、違法、不合理、専制、独裁、圧政）の対極にある「法の支配」という〝武器〟を使って闘い続けなければならない、と説いています。

この小説『ペスト』は実存主義文学の代表作といわれるもので、私の青少年時代に読んだ書物の中でも最も強い印象を残したものの一冊なのですが――一九三八年生まれのブライヤーさんもそうだったのかもしれません――登場人物の中でも後々記憶し続けたのは、それぞれ違った意味において、市の吏員グランと医師リウーで、登場人物のある人〔タルー〕に「神を信じていないといわれるあなたは、何故そんなに献身的に努めるんですか」と問われたリウーは、そもそも死を運命づけられた人間で、死に抗って生きようとする大勢の病人がいる、それを治してやらなければなりません、際限なく〔続く〕敗北であっても自分の選んだ職業として誠実に戦うしかありません、と控え目に答えるのが心に強く残っています[29]。小説は、ペストの恐怖が収まって市中から立ち昇る喜悦の叫びに耳を傾けながら、〝ペスト菌は死なないし、消えもしない。彼らはどこにも辛抱強く待ち続け、いつの日かネズミどもを呼び覚まし、どこかの幸せだった町に送り出し、死をもたらす〟という趣旨のリウーの述懐で終わっているのですが[30]、現今の世情の中で、改めて法を学ぶということの意味をかみしめています。

今日、縁あって皆さんの前でお話しでき、ご清聴下さったことに感謝します。難しい時代でありますだけに、皆さんのご健闘を心からお祈り申し上げております。

(23) ロールズの正義論については、瀧川裕英＝宇佐美誠＝大屋雄裕『法哲学』(有斐閣、二〇一四年) 第二章、および田中成明『現代法理学』(有斐閣、二〇一一年) 三八五頁以下が、的確かつ簡明な見取り図を与えてくれる。

(24) 財産所有制民主主義の理念についいては邦語でも多くの論考があるが、例えば渡辺幹雄「『財産所有制民主主義』と福祉国家——ロールズによるその理論的分析」季刊社会保障研究三八巻二号 (二〇〇二年) 一四六頁以下、魚躬正明「ロールズの財産所有制民主主義についての一考察——政治的平等・自尊心・嫉み」成蹊大学法学政治学研究三八号 (二〇一二年) 二七頁以下、大澤津「分配の原理と分配の制度——ロールズの財産所有制民主主義をめぐって」政治思想研究一一号 (二〇一一年) 二七九頁以下を参照。

(25) A・トフラー (徳岡孝夫監訳)『第三の波』(中公文庫、一九八二年) などを繙かれたい。

(26) 山元一「グローバル化世界と憲法制定権力」法学研究九一巻一号 (二〇一八年) 四九頁以下、とくに五四頁以下を参照 (のちに同『国境を越える憲法理論——〈法のグローバル化〉と立憲主義の変容』(日本評論社、二〇二三年) 第六章に所収)。

(27) ハンガリーのケースも含め、碩学ディーター・グリムの悲観的な分析も参照。Dieter Grimm, *How can a democratic constitution survive an autocratic majority?*, Verfassungsblog, 13. Dez. 2018.

https://verfassungsblog.de/how-can-a-democratic-constitution-survive-an-autocratic-majority/

(28) なお、イギリスにおいても、Stephen Breyer, *America's Supreme Court: Making Democracy Work*, Oxford, 2010として刊行されている。

(29) アルベール・カミュ(宮崎嶺雄訳)『カミュ全集四　ペスト』(新潮社、一九七二年)一〇三〜一〇四頁(新潮文庫版〔一九六九年〕一八五〜一八八頁)。

(30) カミュ・前掲注(29)二四九頁(新潮文庫版四五八頁)。

【付記】本稿は、二〇一九年一月二五日の講演原稿に、時間の関係で省略したところを補いつつ、多少の変更を加えて執筆したものである。この過程において、講演の直接の依頼者であった赤坂幸一氏よりいただいた励ましと適切なご助言・ご助力に対して重ねて深い感謝の念を表したいと思う。

(補訂者注記)

関心のある読者は、類似の論題に触れた佐藤教授の次の諸文献も参照されたい。

① 「法曹養成と法学教育の将来」『日本国憲法と「法の支配」』(有斐閣、二〇〇二年)二八〇頁以下

② 「補論――司法制度改革の展開と課題」同書二九八頁以下

③ 『世界史の中の日本国憲法――立憲主義の史的展開を踏まえて』(左右社、二〇一五年)

④ 『立憲主義について――成立過程と現代』(左右社、二〇一五年)

⑤ 「講演『法』を学ぶということの意義　一憲法学徒の断想」早稲田法学九二巻二号(二〇一七年)

一七九頁以下

⑥「現代立憲主義における『司法』の役割」日本学士院紀要七三巻二号（二〇一九年）八三頁以下（本書Ⅴ2として収録）

（二〇一九年、法政研究八六巻一号）

著者紹介　　佐藤 幸治（さとう こうじ）
1937 年　新潟県に生まれる
1961 年　京都大学法学部卒業
現　在　京都大学名誉教授
主　著　憲法（現代法律学講座 5）（青林書院，第 3 版，1995 年）
日本国憲法論（法学叢書 7）（成文堂，第 2 版，2020 年）
憲法訴訟と司法権（日本評論社，1984 年）
現代国家と司法権（有斐閣，1988 年）
注解法律学全集　憲法Ⅰ～Ⅲ（共著，青林書院，1994-98 年）
日本国憲法と「法の支配」（有斐閣，2002 年）
憲法とその“物語”性（有斐閣，2003 年）
現代国家と人権（有斐閣，2008 年）
立憲主義について――成立過程と現代（左右社，2015 年）

現代立憲主義と人権の意義

Constitutionalism and Human rights

2023 年 11 月 30 日 初版第 1 刷発行

著　者　佐藤幸治
発行者　江草貞治
発行所　株式会社有斐閣
〒101-0051 東京都千代田区神田神保町 2-17
https://www.yuhikaku.co.jp/
印　刷　大日本法令印刷株式会社
製　本　牧製本印刷株式会社
装丁印刷　株式会社亨有堂印刷所

落丁・乱丁本はお取替えいたします。定価はカバーに表示してあります。

Printed in Japan ISBN 978-4-641-22852-8